아줌마전도왕

아줌마전도왕

김인아 지음

베드로서원

영혼들의 변화된 삶을 증거하고 싶었습니다.

어느 해인가, 3월 2일로 기억합니다. 남편과 함께 차를 타고 가는데 차창 밖을 바라보던 나의 눈에 어느새 눈물이 하염없이 흐르고 있었습니다. 하루 전 일이 기억났기 때문입니다. 지하철에서 내려 길을 걷는데 노란색 프리지아 꽃이 나의 눈에 들어왔습니다. 그 꽃을 보는 순간 '아! 벌써 내 아들이 하늘나라에 간 계절이구나' 하고 깨달았습니다. 너무나 바빠서 날짜 가는 줄 모르다가도 프리지아 꽃만 보면 기억나는 일입니다.

아들이 하늘나라에 간 날, 아들 앞에 그 꽃을 놓고 얼마나 몸부림치며 울었는지요….

사랑하는 아들의 죽음으로 영혼의 세계를 깨닫고 아들의 무덤 앞에서 나의 교만과 어리석음, 그동안 잘못 살아왔던 삶의 모습을 돌이키며 이 다음에 천국에서 만나자고, 이 엄마도 열심히 신앙생활 잘 할테니 이 다음 천국에서 만나자고 한 아들과의 약속을 상기했습니다.

지금 생각해보아도 나는 어릴 때부터 무척이나 많은 사랑을 받고 자란 것 같습니다. 아버지는 늘 나를 호주머니 속에 넣고 다녔으면 좋겠다고 하셨습니다. 그렇게 아버지의 사랑을 독차지하면서 어린 시절을 보낸 다음 결혼하여 남편에게 사랑받는 것을 배웠습니다. 물론 나도 그때 남편을 충분히 사랑하는 법을 배웠다고 생각합니다. 그래서 지금 이렇게 하나님의 사랑을 더 잘 느끼고, 하나님의 사랑을 나눠줄 수 있지 않나 하는 생각이 듭니다.

　주님을 만나 말로 표현할 수 없는 주님의 사랑을 몸소 체험하고, 영혼을 사랑하는 법도 알게 되었습니다. 죽음의 문턱에 선 사람, 절망과 불안과 고독과 공포 속에 살고 있는 사람들을 만나 내가 받은 사랑을 전했고, 그들이 주님의 사랑을 느끼고 체험하는 것도 직접 보았습니다.

　예수 그리스도를 영접하고 평안히 죽음을 맞으시던 어떤 할아버지의 얼굴이 생각납니다.

　"천국에 가서 하나님을 뵙고 거기서 다시 만납시다. 그곳에 가서도 전도사님을 위해 기도할게요"라고 하시던 말씀도 떠오릅니다.
지금도 나는 힘들고 어려울 때마다 그들을 떠올립니다. 그들은 지금 천국에서 무얼 하고 있을까 생각해 보면 제 마음은 큰 위로에 잠깁니다.

　1년 열두 달, 눈이 오나 비가 오나 아무리 더워도 아무리 추워도 하루도 쉬지 않고 전도하는 일선전도대원들을 보면 너무나 감사해서 눈물을 흘리곤 합니다. 내가 사랑하는 그들이 영혼을 너무나 사랑하기 때문입니다.

　부족하지만 저는 이 책에 전도자의 사랑과 눈물을 담고 싶었습니다. 전도대상자를 바라보는 절절한 안타까움을 표현해 보고 싶었습니다. 우상을 버리고 예수께로 돌아온 영혼들의 변화된 삶을 증거하고 싶었습니다.

　지면을 빌어 지난 12여 년 동안 과천교회에서 마음껏 전도하며 사역할 수 있도록 묵묵히 지켜봐주신 김찬종 목사님의 은혜와 전도에 대한 열정에 한없는 감사를 드립니다. 오늘의 내가 있게 도와주신 분입니다. 매일 새벽 4시 30분에 나와 밤이 늦도록 또는 만 하루 만에 집에 들어가도 얼굴 한 번 찡그리지 않은 나의 남편, 오히려 내 건강을 염려하며 더욱 열심히 하라고 격려해주는 나의 사랑하는 남편과 자신들이 알아서 엄마 몫까지 챙기는 나의 사랑하는 두 딸과 사역의 현장에서 동역하는 분들께 감사를 드립니다.

6

그동안 이 책을 통해 많은 격려와 도전을 받았다는 교회와 독자들의 성원에 감사드리며, 이번에 기회가 닿아 베드로서원에서 재출판하게 되었습니다. 이 책을 재출판 하도록 격려해주고 도와준 베드로서원 방주석 대표님을 비롯하여, 수고해주신 여러 직원들께도 감사드립니다.

　　이 책을 통해 실제적인 전도훈련을 받고 어디든지 가서 기쁘고 감사함으로 전도할 수 있는 전도대원들이 많이 세워지기를 바랍니다. 그래서 이 나라 이 민족에 다시 한 번 부흥의 불길이 일어나기를 소망합니다. 특별히 저는 하나님께서 전도 현장에 열심을 다하는 많은 일꾼들을 세우시도록 기도하는 일을 게을리 하지 않을 것입니다.

김인아 목사

1부 눈물로 씨뿌리면 기쁨으로 거둔다

제게 전도 현장만큼 행복한 곳은 없습니다. 주님의 함께하

심을 피부로 체험하면서 함께하시는 주님을 증거할 수 있

고 증거된 복음이 열매맺는 것을 눈으로 확인할 수 있기

때문입니다. 날마다 신발이 닳도록 뛰어다니고

때로 문전박대를 당해도 행복한 이유

가 거기에 있습니다. 이 행복감

은 곧장 믿지 않는 이들에

대한 안타까움으로

이어집니다.

아들아, 너는 우리집의 순교자였다

1장

아들의 죽음 후 저는 예수님을 믿고 교회에 다니게 되었습니다. 지금도 가끔 그 아이를 떠올리는데 그럴 때면 그 아이가 우리 가정의 순교자였다는 생각을 하곤 합니다. 그 아들로 인해 우리 가족이 모두 주님을 알게 되었기 때문입니다. 또 저는 제 아들을 하늘나라로 보내고 나서야 하나님의 사랑을 가슴으로 느낄 수 있었습니다.

아줌마 파이팅!

전도의 중심에 가장 우뚝 설 수 있는 계층이 누구라고 생각되십니까? 저는 단연 아줌마라고 생각합니다. 우리 사회에서 아줌마에 대한 인식이 오인되어서 그렇지, 아줌마야말로 사회를 움직일 수 있는 역량을 가진 사람들입니다. 더구나 교회에서 봤을 때 아줌마는 하나님께 크게 쓰임받을 수 있는 일꾼들입니다. 자녀를 낳아 기르고 해산의 수고를 감당하는 동안 인간을 향한 주님의 사랑이 무엇인지 깨닫고, 남편 뒷바라지며 이웃 순이네, 영자네의 어려운 사정을 도와주면서 동지애를 나눌 힘도 갖추게 된 사람이 바로 아줌마입니다.

그래서 저는 하나님께서 아줌마들을 무척 사랑하신다고 확신합니다. 이웃의 일에 잘 나서고 참견 잘하는 아줌마들의 사랑과 관심, 목사님 설교에 잘 울고 웃는 아줌마들의 순수한 신앙심, "애도 낳아봤는데 뭐"라는 말로 세상 겁낼 것 없다며 열심히 세파를 헤치고 나가는 그 투지가 얼마나 아름다운지 모릅니다. 한국교회를 새롭게 하고 재부흥시킬 주역이 아줌마라는 확신이 드는 것은 바로 이 때문입니다.

문제는 아줌마들에게 할 일이 너무나 많다는 것입니다. 전도자로 쓰임받고 싶고, 교회를 위해 봉사하고 싶지만 집안일이며 돌봐야 할 가족들이 아줌마들을 가만 놔두지 않습니다. 그렇지만 기도하는 가운데 가족들의 협조를 얻어 현장 전도에 나서면 아줌마처럼 용감무쌍한 전도자도 없습니다.

맨손으로 개를 찢어 죽이다

며칠 전, 저희 과천교회 전도대원들이 전도를 나가기 위해 아침에 뜨겁게 찬양하고 있었습니다. 늘 그랬듯이 그날도 우리는 전도를 나가기에 앞서 찬양하면서 큰 능력을 주시는 하나님의 은혜를 사모했습니다. 그때 어디서 나타났는지 웬 중과 함께 큰 개 한 마리가 우리 쪽으로 달려왔습니다.

우리는 상관하지 않고 계속 찬양을 했습니다. 큰 개는 우리 전도대원들 주위를 한바퀴 빙 돌았습니다. 마치 위협하듯 한 바퀴 돈 다음 중이 있는 자리로 돌아갑니다. 우리는 아랑곳없이 찬양을 했습니다. 아니, 더 뜨겁게 소리 높여 하나님을 찬양했습니다. 그 모습에 화가 났는지 중은 개를 끌고 제 앞으로 왔습니다. 그리고 개를 향해 외쳤습니다.

"물어!"

그 소리가 떨어지기 무섭게 개는 제게 달려들었습니다. 하지만 저는 달려든 개의 입을 양손으로 잡고 쫙 찢었습니다. 어디서 그런 힘이 솟았는지 모릅니다. 으르렁대는 개를 맨손으로 죽인 것입니다.

그리고 잠에서 깨었습니다. 꿈이었습니다. 꿈이었지만 꿈 같지 않은 꿈, 정말 현실처럼 느껴지는 꿈이었습니다. 제 주먹은 불끈 쥐어져 있었지요. 꿈에서 깬 저는 사사기의 삼손을 떠올렸습니다. 삼손이 맨손으로 사자를 찢어 죽였던 사건 말입니다. 그리고 하나님께서 담대함과 능력을 주시면 오늘날에도 그런 사건이 가능하겠다는 생각이 들었습니다. 하나님께서 믿는 자들에게 새 힘을 허락하시면 모든 일이 가능하다는 확신이 찾아왔습니다.

이런 하나님의 위대한 능력은 구약에서뿐 아니라 신약에서도 많이 나타납니다. 마가복음 16장 15-20절 말씀을 보십시오.

"또 가라사대 너희는 온 천하에 다니며 만민에게 복음을 전파하라 믿고 세례를 받는 사람은 구원을 얻을 것이요 믿지 않는 사람은 정죄를 받으리라 믿는 자들에게는 이런 표적이 따르리니 곧 저희가 내 이름으로 귀신을 쫓아내며 새 방언을 말하며 뱀을 집으며 무슨 독을 마실지라도 해를 받지 아니하며 병든 사람에게 손을 얹은즉 나으리라 하시더라."

저는 전도대원들과 함께 이 말씀을 나누면서 늘 힘을 얻습니다. 내가 할 수 없지만, 우리의 믿음 때문에, 보혜사 성령의 도우심 때문에, 하나님의 주권적인 인도하심 때문에 우리는 뭐든지 할 수 있다는 확신을 얻습니다.

주께 돌아오는 복

실제로 우리가 매일매일 전도를 나간 결과, 우리 힘으로는 할 수 없

저자는 전도대가 수거해온 영사가루와 부적, 신령의 그림, 예수 믿은 스님의 법복 등을 들어 보이며 전도 간증을 하고 있다(사진 왼쪽부터). 불교나 점술을 목숨처럼 소중하게 믿던 사람들조차 김인아 전도사와 전도대 아줌마들의 끈질긴 사랑과 봉사의 전도로 예수를 믿게 되었다.

었지만 성령께서 역사하여 여건과 환경을 만들어주셔서 열매를 얻은 예는 부지기수로 많습니다. 몇 백만 원짜리 부적을 모셔놓고 예수 믿기를 거부하던 사람이 그걸 버리고 교회로 나온 사례, 염주, 불상, 각종 우상의 쓰레기들을 버리고 주님께로 돌아온 사례가 허다합니다. 전도하러 다니다보면 그런 우상의 증거물들을 버리지 못해 교회에 나오지 못한다는 사람들을 많이 만납니다. 불상을 버리면 벌 받을까 두려워 집안에 모셔놓고 사는 것입니다. 그럴 때 우리 전도대원들이 목회자들을 모시고 가서 불상을 번쩍 들고 나옵니다. 신나게 찬송을 부르며 그것을 가지고 온 다음 시커먼 연기가 나도록 태워버립니다.

지금 저희 교회에는 그런 증거들이 보관되어 있습니다. 마치 초대교회에서나 있을 법한 일들, 귀신을 쫓아내고 개종하고 처음 복음을 접하여 교회로 발걸음을 옮기는 영혼들의 무리가 끝없이 이어지고 있습니다.

어떻게 이런 일들이 가능했을까요? 성령의 역사, 그리고 주님의 명령에 순종하여 매일 전도하러 나간 전도대원들의 열정과 기도 때문입니다. 그래서 저는 염주 하나 걷어올 때마다 눈물이 납니다. 그거 하나 걷어오기 위해 전도대원들의 기도가 얼마나 쌓였으며, 그 발바닥이 얼마나 닳았을지 생각하면 눈물이 납니다. 그칠 줄 모르는 기도와 영혼에 대한 간절한 사랑이 없다면 그 일이 어떻게 가능하겠습니까?

우리는 오늘도 전도 현장에 나타나는 엄청난 표적을 체험하고 있습니다. 제게 전도 현장만큼 행복한 곳은 없습니다. 주님의 함께하심을 피부로 체험하면서 함께하시는 주님을 증거할 수 있고 증거된 복음이 열매맺는 것을 눈으로 확인할 수 있기 때문입니다. 날마다 신발이 닳도록 뛰어다니고 때로 문전박대를 당해도 행복한 이유가 거기에 있습니다.

이 행복감은 곧장 믿지 않는 이들에 대한 안타까움으로 이어집니다. 그런 사람들을 보면 그 옛날 저의 모습, 하나님이 없다고 외치면서 아슬아슬하게 서 있던 저의 모습이 그려지기 때문입니다.

다메섹 도상에서 예수님을 만나기 전까지 사도 바울은 그리스도를 전혀 몰랐던 사람입니다. 바울에 대한 기록을 살펴보면 어떻게 그렇게까지 예수 믿는 사람들을 핍박할 수 있었을까 싶을 정도로 그는 강퍅했습니다. 그러나 주님을 만난 후 그에게 일어난 변화는 실로 엄청났습니다. 그는 그리스도를 얻기 위해 그의 모든 것을 잃어버리고 배설물로 여긴다고 했습니다. 푯대를 향하여 그리스도 예수 안에서 하나님이 위에서 부르신 부름의 상을 위하여 좇아간다고 했습니다.

물론 정도의 차이는 있습니다. 하지만 오늘날에도 많은 사람들이 사도 바울처럼 예수를 극구 부인했던 자리에서 주님을 증거하는 자리로, 예수를 위해 기꺼이 자신의 삶을 바치는 자리로 돌아오고 있습니다. 예수님은 그런 분입니다. 그분을 만나 뵈면 예전처럼 그냥 살아갈 수 있는 게 아닙니다. 예수의 힘이 우리를 새로운 사람으로 변화시켜 전혀 새로운 삶을 살게 합니다.

악몽에 시달리다 얻은 아들

저는 3대째 예수를 믿는 신앙인이었지만 하나님이 어디 있냐고, 그 하나님 있으면 어디 한번 나와보라고 큰소리쳤던 사람입니다. 마치 회심(回心)하기 전 바울처럼 예수님을 미워했다고 할 수 있습니다. 고등학교를 졸업한 후 곧바로 결혼한 저는 신앙을 버리고도 홀로 설 수 있다는 교만으로 똘똘 뭉쳐 있었습니다. 다만 어려서부터 신앙생활하던 습관대로 그저 한 달에 한 번이나 의무감에서 교회 나가는 정도의 생활을 할 뿐, 하나님 없이도 부족함을 못 느끼던 사람이었습니다. 그러나 때가 이르자 그 교만과 자만이 무너져내렸습니다. 무엇 때문이었을까요?

바로 제 생명입니다. 아니, 제 생명보다 귀한 자식, 바로 제 아들이 그 교만을 무너뜨려주었습니다. 20여 년 전, 하나님께서는 저에게 딸을 하나 주시고 그 다음 아들을 주셨습니다. 생명의 주인이신 하나님께서 선물로 주신 아들이었으니 지금 같았으면 그 아들을 위해 날마다 기도하며 감사했을 텐데 그때는 그저 제 복에 그런 아들을 얻었다고 생각했습니다.

유복한 가정에서 태어나 사랑을 많이 받고 자랐고 좋은 남편 만나 큰 어려움 없이 지내던 저는 둘째아이를 가지면서부터 무서운 꿈에 시달렸습니다. 첫딸을 낳고 나서 내심 아들을 기다리다가 둘째를 가졌기 때문에 저는 너무나 기뻤습니다. 그런데 이상하게 그때부터 불안에 시달리고, 잠이 들기만 하면 악몽을 꾸곤 했습니다. 한번은 똑같은 꿈을 무려 일곱 번이나 꿨습니다.

꿈속에서 저는 이상한 괴물로 변했습니다. 그러면 당시 노량진교회 담임목사님이셨던 림인식 목사님께서 저희 집에 오셔서 저를 데리고 예배당으로 가십니다. 예배당에 들어서면 예수께서 걸어나오셔서 저를 안아주시는데, 그제야 제 모습이 원래 모습으로 돌아오는 그런 꿈이었습니다. 그런 꿈을 일곱 번이나 연속해서 꾸게 되니 잠자는 일이 두려워졌습니다. 밤만 되면 너무 무서웠습니다.

생각다 못해 신앙심 깊은 언니에게 상의를 했습니다. 언니는 빨리 믿음을 회복하라고, 교회에 나가라고 간곡하게 권했습니다. 언니 말대로 저는 교회에 나갔습니다. 그러자 마음에 평안이 찾아왔고, 건강한 아이도 낳게 되었습니다. 저희 가정에 웃음꽃이 피었습니다. 누구보다 아들을 얻은 남편이 가장 기뻐했습니다. 그 아들을 얼마나 귀하게 여겼는지 일하는 아주머니도, 저도 손을 못 대게 했습니다. 퇴근후 돌아온 남편은 손수 아이 목욕을 시킬 정도였습니다. 우리 가정에 평안의 복이 쏟아지는 것 같았습니다. 저는 다시 교회에 안 나갔습니다. 평안하다, 평안하다 하며 마냥 기뻐하고만 있었습니다.

아이를 데려간다고?

그런데 어느 날부터인가 임신중에 꿨던 꿈을 다시 꾸기 시작했습니다. 갑자기 불안해진 저는 다시 언니에게 제일 먼저 상의를 했습니다. 언니도 제게 다시 간곡하게 권했습니다.

"너, 빨리 예수님께 돌아가거라. 교회 다니면서 신앙생활 열심히 해. 하나님께서 너를 얼마나 찾고 계시는지 아니? 얼마나 사랑하시는데. 네 불안한 마음이 하나님께서 너를 찾으신다는 증거야. 어서 그 사랑 안에 들어가야 해."

그러나 저는 코방귀를 뀌며 응수했습니다.

"하나님이 있긴 어디 있다고 그래? 언니, 하나님은 안 계셔. 하나님이 어디 있어?"

너무나 확고한 저의 대답에 언니는 안타까워서 눈물 흘리며 더욱 간곡하게 권했지만 저는 흔들리지 않았습니다. 매사에 자신만만한 제 성격도 한몫 했던 것 같습니다. 그 당시 저는 예전부터 다니던 노량진 교회에는 이미 발을 끊은 지 오래였습니다. 연중행사처럼 집앞에 있는 조그만 개척교회에 한번 나갈까 말까 하는 형편이었습니다. 언니는 저의 그런 상태를 염려하여 무서운 선전포고를 해왔습니다.

"인아야, 너 빨리 예수 믿어라. 하나님께서 기회 주실 때 믿어. 안 그러면 아들을 우상으로 여겼던 너 때문에 하나님께서 그 아이를 데려가실지도 몰라."

그 말에 저는 너무나 화가 났습니다.

"아니 그래, 언니는 조카가 죽었으면 좋겠어?"

그때는 언니고 뭐고 눈에 보이지 않았습니다. 가리지 않고 한바탕 쏘아붙였습니다. 그러자 언니도 깜짝 놀랐는지 미안하다고 거듭거듭 사과했습니다.

나 기도 안 해!

그런데 이게 웬일입니까? 언니와 그런 일이 있은 지 일주일 후 아이의 머리가 갑자기 커지기 시작했습니다. 서둘러 강남성모병원을 찾았습니다. 신경외과로 갔더니 원인은 알 수 없으나 뇌수종이라며 수술을 해야 한다고 하는 게 아닙니까? 무슨 수술이냐고 묻자 노란 고무줄을 연결해서 머리에 고인 나쁜 물을 빼야 한다고 설명해줬습니다. 마른하늘에 날벼락도 유분수지, 어떻게 우리 아이에게 이런 일이 닥칠 수 있습니까? 저는 말이 안 나왔습니다. 상황이 급박해지자 아이아빠는 고등학교 때 학교에서 세례받은 믿음으로 성모병원 기도실에서 하나님 앞에 눈물 흘리며 간절히 기도드리기 시작했습니다.

그러나 저는 기도하지 않았습니다. 오히려 기도하는 남편을 가로막으며 말했습니다. 하나님이 어디 계시냐고, 하나님이 계시면 왜 우리 아들이 이런 병에 걸리느냐고, 소리지르며 원망했습니다. 언니도 따라 울며 제게 간곡히 권합니다.

"인아야, 그러지 말고 지금이라도 하나님께 무릎 꿇고 기도해보자."

언니의 말에도 저는 요동하지 않았습니다. 오히려 하나님을 원망하는 마음이 더 커졌는데, 어떻게 기도하란 말입니까? 저는 단호히 말했습니다.

"아니, 난 기도 안 해. 절대 안 해!"

수술을 마치고 퇴원한 뒤 피부 아래로 노란 고무줄이 희미하게 보이는 아이의 머리를 보면서, 그 아이를 안고 목욕시키면서 저는 피눈물을 흘렸습니다. 하나님을 향한 원망을 쏟아내며 일종의 오기를 품었습니다. '내가 하나님을 믿으면 난 사람도 아니다'라고 생각했습니다.

예언은 적중되는가?

그렇게 수술을 받고 다시 일주일이 흘렀습니다. 그런데 아이 머리가 또 커지기 시작했습니다. 병원에 데려갔더니 이번에는 아이가 건강하다보니 물이 너무 많이 빠져서 거기에 다시 피가 찼다고 하는 것이었습니다. 2차 대수술. 이번에는 고무줄을 좁혀주는 수술이라고 합니다. 아무것도 모르는 세 살바기 아들은 수술실에 들어가면서 "엄마, 빠빠이" 하며 빙긋 웃습니다. 그 모습을 보며 아이아빠가 울부짖으며 기도합니다.

"하나님, 살려주십시오. 제발 우리 아들을 살려주십시오."

남편이 기도하는 모습을 보며 저는 더 반항심이 생겼습니다. 마음속으로 다시 다짐했습니다.

'난 절대 하나님 안 믿겠어. 절대 안 믿어.'

숨 막히는 몇 시간이 지나고 아들은 눈 한번 떠보지 못하고 수술실에서 중환자실로 옮겨졌습니다.

"이승규 보호자, 이승규 보호자 되시는 분은 중환자실로 오세요!"

떠밀리듯 들어간 중환자실에서 의사가 말했습니다.

"임종입니다."

아들의 얼굴은 이미 하얀 수건으로 가려져 있었습니다. 아들의 눈과 코와 입을 만져보았습니다. 팔, 다리를 만져보았습니다. 싸늘했습니다. 아이는 눈 한번 떠보지 못하고 그만 제 곁을 떠나 다시 볼 수 없는 곳으로 가버리고 말았습니다. 아들의 그 모습을 보자 그동안 버티어왔던 모든 게 허물어져내렸습니다.

'내 아들이 가다니. 내 아들이 가다니…. 어디로 간단 말인가? 이게 끝인가?'

아들아, 너는 우리 가정을 위한 순교자였다.

　제 생명보다 소중하게 여겨온 아들, 그 아들의 죽음 앞에서 저는 오열했습니다. 저도 모르게 무릎을 꿇었습니다. 그리고 아주 잠깐 동안 저도 모르게 처음으로 기도가 나왔습니다. 통곡의 기도를 드렸습니다.

　"하나님, 만약에 천국이라는 곳이 있다면 내 아들의 영혼을 받아주시옵소서."

그 기도를 드리고 나서 저는 제 입을 손으로 막았습니다. 갑자기 제 입에서 왜 그런 기도가 나왔는지 알 수 없었습니다.

'원망하고 싶은 마음이 더 큰데, 평생 하나님을 안 믿겠다고 다짐했는데 내가 지금 무슨 짓을 하고 있나…'

저는 다시 절망의 수렁 속으로 빠져들었고, 슬픔을 추스를 길 없어 꼭 죽고만 싶었습니다. 내가 죽고, 아들이 살 수 있다면 기꺼이 그 길을 가고 싶었습니다. 제 생명보다 소중한 아들, 저는 그 아들을 잃고 말았습니다.

아들아, 너는 순교자다

다음 날, 우리는 금촌 기독교묘지에 아들을 안장했습니다. 등록만 해 놓고 다니지도 않던 남강교회 목사님과 사모님이 직접 오셔서 하관예배를 드려주셨습니다. 모든 순서가 끝나고 목사님께서 축도를 해주시는데, 갑자기 제 옆에 계시던 사모님이 저를 툭 치시는 것이었습니다.

"저 모습을 좀 보세요."

순간 눈을 들어 하늘을 봤습니다. 저는 그만 입이 벌어지고 말았습니다. 제 눈앞에는 영광스러운 환상이 펼쳐지고 있었습니다. 제 아들이 천사들에게 안겨 "엄마 빠빠이!" 하면서 올라가는 그림이 환상으로 펼쳐졌습니다.

'그래 너 먼저 가는구나!'

저는 아들의 무덤 앞에서 하나님께 탁 하고 무릎을 꿇었습니다.

"하나님, 잘못했습니다. 제가 다시는 하나님이 없다는 말을 하지 않겠습니다."

그리고 아이에게 이런 말도 했습니다.

"승규야, 엄마도 예수 잘 믿을게. 이 다음에 천국에서 만나자."

그 순간 저의 모든 것이 깨졌습니다. 제가 알지 못하는 세계가 분명히 있다는 사실을 그때 알았습니다. 눈물이 뒤범벅이 된 채 저는 사모님과 함께 아들의 모습을 환상으로 보았던 것입니다.

아들의 죽음 후 저는 예수님을 믿고 교회에 다니게 되었습니다. 지금도 가끔 그 아이를 떠올리는데 그럴 때면 그 아이가 우리 가정의 순교자였다는 생각을 하곤 합니다. 그 아들로 인해 우리 가족이 모두 주님을 알게 되었기 때문입니다. 또 저는 제 아들을 하늘나라로 보내고 나서야 하나님의 사랑을 가슴으로 느낄 수 있었습니다. 우리의 죄 때문에 아들을 십자가에 죽이기까지 하신 하나님의 사랑, 예수님이 처참히 죽어갈 때 하나님 아버지의 마음이 어떠했는지 헤아릴 수 있을 것만 같았습니다.

완전한 헌신과 사랑

사무엘상 6장을 읽어보면 하나님 아버지의 사랑을 더 깊이 느낄 수 있습니다. 여호와의 법궤를 빼앗은 후, 블레셋은 수많은 재앙을 당했습니다. 그리고 나서 일곱 달 만에 그 법궤를 다시 이스라엘로 보내옵니다. 그때 여호와의 법궤를 벧세메스로 보내기 위해 그들은 새 수레를 만들고 멍에 메지 않은 젖 나는 소 둘을 끌어다가 수레를 메게 합니다. 그러자 젖 나는 소의 송아지들은 어떻게 되었습니까? 그것들은 떼어 집으로 보내졌습니다. 사무엘상 6장은 바로 그 모습이 상세하게 표현되고 있습니다.

"암소가 벧세메스 길로 바로 행하여 대로로 가며 갈 때에 울고 좌우로 치우치지 아니하였고…"(12절).

어느 날 저는 이 말씀을 읽다가 굉장히 큰 충격을 받았습니다. 여호와의 뜻을 성취하기 위해 블레셋 사람들이 젖 나는 소 둘을 데려다가 법궤를 움직이도록 했지만 그 소에게는 아직 어린 송아지가 있었습니다. 그 송아지를 떼어놓고 어미 소 둘만 보내었더니 그 소들이 가면서 어떻게 했다고 합니까? 울면서 갔습니다. 차마 어린 송아지를 떼어놓기 가슴 아파 울었던 것입니다. 엄마이기 때문입니다. 또 본문에는 여호와의 궤를 운반하여 벧세메스에 다다른 젖 나는 소를 번제로 드렸다는 내용도 나옵니다.

비록 그 예가 동물이기는 하지만 저는 이 표현을 보면서 두 가지 생각을 해보았습니다.

첫째는 예수께서 나를 위해 십자가에 달려 죽으실 때의 완전한 희생에 대해서입니다. 우리 죄를 대신하기 위해 아무것도 남김없이 모든 것을 희생하신 예수님의 사랑에 대해 생각했습니다. 그것은 완전한 희생입니다.

둘째는 하나님 아버지의 마음입니다. 하나님께서는 우리를 위해 그 외아들 예수를 죽이시기까지 우리를 사랑하셨습니다. 자식의 죽음 앞에서 부모의 마음이 어떻게 되는지는 자식을 가진 부모라야 헤아릴 수 있습니다. 제 아들이 그렇게 하늘나라로 갔을 때 남편은 장례식장에서 눈물 한 방울 흘리지 않았습니다. 그러나 집에 돌아오자마자 농에서 이불이란 이불은 다 꺼내놓고 그 이불 속에 얼굴을 파묻고 대성통곡하기 시작했습니다. 그 울음소리에 주변에 있던 사람들도 모두 울었습니다. 그게 부모 마음입니다.

그러나 하나님께서는 그보다 더한 아픔을 감수하시면서 우리를 사랑하신 분입니다. 우리의 아픔을 거둬가시기 위해, 우리의 죄를 거둬가시기 위해 예수님을 보내신 분입니다. 우리는 그 사랑을 받은 자들입니다. 어쩌면 하나님 자신보다도 귀한 그 하나님의 아들 예수님의 생명을 우리를 위해 내어주신 사랑, 그 사랑을 받은 자들이었습니다. 그러기에 그분은 믿어도 되고, 안 믿어도 되는 하나님이 아니라 믿을 수밖에 없는 하나님이십니다.

훈련과 연단이
나를 전도자로 세웠다

생존을 위협하는 온갖 간난(艱難) 속에서 어려움이 무엇이고, 고통이 무엇이고, 고
통과 어려움을 근본적으로 해결하는 복음이 무엇인가를 배워가기 시작했습니다.
그렇게 생각하니 이 모든 과정이 바로 하나님의 훈련이란 것도 알게 되었습니다.
하나님의 반복된 훈련과 말씀 앞에 무릎 꿇기 시작하자 감사가 절로 나왔습니다.

이번에는 신경쇠약증이

아들을 그렇게 보낸 이야기를 하면 많은 이들이 고개를 끄덕입니다.
그런 체험이 오늘의 저를 만들었다는 말과 함께 그후부터 곧바로 전
도왕이 되어 뛰어다닌 걸로 생각합니다. 그러나 그렇지 않습니다. 구
원은 순간에 이루어지지만 쓰임받을 수 있는 도구로 준비되는 데는
시간이 필요했습니다. 저에게도 훈련의 시간이 필요했습니다.

그날 이후 저는, 교회에 곧 발을 들여놓긴 했지만 제 자신을 온전
히 주님 앞에 드리지는 못했습니다. 제 안에는 아직 말씀도 없었고,
주님과의 인격적인 만남도 없었습니다. 게다가 아들을 잃은 슬픔을
제대로 가누지 못해 신경쇠약증 증세까지 보이기 시작했습니다. '하
나님이 살아계시니 교회를 열심히 다녀야지, 생명의 주관자이신 하
나님을 더욱 잘 섬겨야지' 그렇게 생각하면서 주일이면 열심히 교회
에 나갔습니다. 하지만 아들을 잃은 슬픔과 고통은 제대로 가눌 수

없었습니다. 저는 아직 영적인 어린아이에 불과했습니다. 시간이 필요했습니다.

6개월 동안 신경과 계통의 약을 복용했습니다. 불면증이 6개월 동안 지속됐습니다. 가만히 있어도 제 심장 뛰는 소리가 들려왔습니다.

"쾅, 쾅, 쾅…."

이대로 가다가는 내가 곧 죽겠다는 생각도 들었습니다. 죽음에 대한 두려움이 한꺼번에 밀려왔습니다. 잠이 들면 매번 악몽에 시달렸고 가는 데마다 장의사 간판만 눈에 들어왔습니다. 어느 날인가는 아들 승규를 잃은 것처럼 사랑하는 사람을 또 다시 잃게 되는 것은 아닌가 하는 불안감이 저를 엄습했습니다. 저 또한 불시에 세상을 뜨게 될지 모른다는 생각이 들었습니다. 그러나 나중에 안 일이지만, 저의 증상은 불시에 가족을 잃은 사람들에게 나타나는 전형적인 증상이었다고 합니다.

저는 기도로 하나님께 매달렸습니다. 그저 살려달라고 하며 매달렸습니다. 그때는 그것이 교회를 열심히 나갈 수 있었던 하나의 끈이 되었습니다. 그러기를 6개월이라는 시간이 흘렀습니다. 그러면서 저는 서서히 치유되어갔습니다. 비록 수면제를 의지해서이기는 하지만 잠도 오기 시작했고, 언니의 눈물어린 기도와 교회 사모님의 간절한 기도로 마음의 안정도 되찾을 수 있었습니다. 늘 제 귀에서 들려오던 심장 뛰는 소리도 서서히 멀어져갔습니다. 감사했습니다. 얼마 만에 맛보는 평안이며 단잠이었을까요? 그렇게 꿀잠을 자고 난 다음 날이면 하나님께서 주신 평안에 깊이 감사했습니다. 다시는 이런 평안을 놓치고 싶지 않았습니다.

그런데 이상한 일이었습니다. 몸이 회복되고 나니 기도하기를 쉽게 되었고 그러자 서서히 교회 나가는 게 싫어졌습니다. 구속(拘束)되는 걸 싫어하는 제 기질 탓이었을까요? 아니면 또 한번 시험에 걸려 넘어졌던 걸까요? 교회에서 전화가 오면 일하는 아줌마에게 "없다고 해요"라며 전화받는 일조차 피하기 시작했습니다. 간신히 주일예배만 드리거나 또 가끔 예배도 빠지기 시작했습니다.

그런데 갑자기 몸에 이상이 찾아왔습니다. 관절을 쓰지 못할 정도가 되어 병원에 가서 검사를 받았지만, 원인이 무엇인지 알 수 없었습니다. 이때 저는 다시 남강교회 사모님의 도움을 받았습니다. 사모님은 저를 데리고 한얼산 기도원에 오르셨습니다.

한얼산의 방언체험

한얼산 기도원에 올라보니 주위에 온통 정신나간 사람들뿐이었습니다. 점잖고 거룩하게(?) 신앙생활해온 저로서는 이해가 안 되는 일이었습니다. 눈물 콧물 흘리며 이상한 소리로 기도하는 그 미친 사람들하고는 도저히 같이 있을 수 없다는 생각에 저는 사모님께 부탁했습니다.

"제발 절 좀 데리고 내려가주십시오."

그러자 사모님은 목요일까지만 참고 기다리라고 합니다. 하는 수 없이 수요일까진 참았습니다. 그러나 저는 더 이상은 버틸 수가 없었습니다. 기도가 나오지도 않았고, 정신적으로 이상이 생길 것만 같았습니다. 그런데 그 다음 날 아침 집회를 인도중이던 이천석 목사님께서 이 시간이 끝나면 안수기도를 해줄 테니, 방언하는 사람과 못 하는 사람은 따로 앉으라고 말씀하셨습니다. 당시 저는 방언을 할 줄 몰랐기 때문에 사모님과 따로 떨어져 앉아야 했습니다.

그러자 제 마음에는 또 다시 두려움이 찾아왔습니다. 사모님과 떨어져서 정신나간 사람들 틈바구니에 앉아 있어야 한다고 생각하니 자신이 없었습니다. 사모님께 저의 상태를 얘기했더니 사모님은 "그럼 우리 한번 기도해봐요"라고 말씀하셨습니다. 사모님을 붙들고 함께 기도하는데 이상한 현상이 일어났습니다. 제가 미친 사람이라고 불렀던 사람처럼 어느새 저도 눈물 콧물 흘리며 기도가 나오고 불현듯 이상한 말이 터지는 것이었습니다. 하나님께 온몸으로 매달리는 순간이었습니다. 방언을 받은 것입니다.

그래서 저도 사모님과 함께 앉을 수 있었습니다. 그렇지만 그 순간 마음에는 또 다시 의심이 들기 시작했습니다.

'방언은 무슨 방언? 어쩌다보니 이상한 말이 좀 나온 거겠지.'

바로 그때 이천석 목사님이 이렇게 말씀하셨습니다.

"자, 이제 방언으로 찬양하겠습니다. 이 기쁜 소식을…."

그런데 참으로 놀라운 일이었습니다. 거기 모인 5천 명의 영혼 중 약 3천 명 정도가 방언으로 찬양을 했는데, 똑같이 소리가 맞춰지고, 멜로디가 맞춰지는 것이 아닙니까? 저 역시 저도 모르는 사이에 그 멜로디, 그 소리에 맞춰 방언 찬양을 하고 있었습니다. 그때 알았지요.

'야, 내가 모르는 영적인 세계가 분명히 있었구나.'

사모님과 함께 기도원에서 내려왔습니다. 내려오는 길에 사모님이 제게 물으셨습니다.

"이제 안 아프세요?"

그러고 보니 몸 아프던 게 어느덧 다 나아버린 듯했습니다.

"어? 그러네요. 안 아프네요."

저는 하나님의 놀라운 은혜에 다시 한번 감사했습니다. '이번에는 흔들리지 않으리라. 하나님의 은혜를 저버리지 않으리라' 다짐하며,

눈물 흘리며 기도원에서 내려왔습니다. 그때 저는 몸도 마음도 회복되었고, 하나님의 은혜에 푹 젖어 있었습니다.

낮아지는 훈련

당시 저는 물질적으로 풍족한 생활을 하고 있었습니다. 태어나서 그때까지 한번도 물질의 어려움을 당한 적이 없었습니다. 남편이 남대문시장에서 도매상을 크게 하고 있어서 같이 어울리던 부자 친구들도 많았습니다. 아이를 잃은 충격에서 벗어나면서 저희는 다시 둘째아이를 낳았습니다. 건강도 좋아졌습니다. 사정이 여유로워지자 저는 친구들과 어울리는 일에 빠져들었습니다. 제게 있던 어느 정도의 보스 기질에다 물질적인 여유까지 더해지자 친구들과 어울려 다니는 일이 너무나 즐거웠습니다. 교회생활보다 그 생활이 더 재미있었습니다. 저의 신앙생활은 다시 흐트러졌습니다.

그러자 이번에는 물질의 시험이 찾아왔습니다. 하나님의 마지막 경고 같은 사업장의 부도처리. 제 손에는 아무것도 남지 않았습니다. 저는 모든 걸 완전히 잃고 말았습니다. 어려서부터 부족함이라곤 모르고 자란 저에게는 그야말로 청천벽력 같은 일이었습니다. 모든 것을 정리하고 부천으로 떠나게 된 것은 그 일 때문이었습니다. 보증금 30만 원에 6만 원짜리 월세 단칸방. 그제야 저는 비로소 영적인 눈을 뜨고 하나님의 역사하심을 목도하게 되었습니다. 여기서도 내가 주님 앞에 온전히 순종하지 못한다면 이제 하나님은 내 생명마저 거둬가시리라는 자각이 들었습니다.

계속해서 반복되는 낮아지는 훈련…. 왜 저는 그 점을 깨닫지 못했을까요? 왜 자꾸만 불순종의 길로 들어섰는지 생각해보았습니다. 생명보다 소중한 자식을 잃고, 건강을 잃고, 모든 재산을 잃었습니다. 그때서야 비로소 무엇이 문제인지 정직하게 들여다볼 수 있게 된 것입니다. 적당히 예수 믿는 것. 그것으로는 안 될 일이었습니다. 저를 온전히 주님께 드려야 했습니다. 주님은 그걸 원하고 계셨습니다. 왜냐하면 주님은 저를 그만큼 사랑하셨기 때문입니다.

그 자리에서 저는 과거의 김인아가 아닌, 그리스도 안에서 새로운 피조물인 김인아로 훈련받기 시작했습니다. 제가 부족함을 모르고 호사스럽게 살아가던 시절, 어느 누군가는 못 먹고 못 입고 단돈 5천 원이 없어서 병원조차 가지 못하는 사람들이 있었다는 사실에 눈을 떠 갔습니다.

그렇게 제 주위의 고통받는 이웃에게 눈을 돌리기 시작하면서 새벽 기도 시간은 온통 회개의 기도로 채워졌습니다. 하나님께 기도하면서 얼마나 몸부림쳤는지 모릅니다. 하나님께서 건강 주셨는데 그것을 내 마음대로 사용했던 교만, 하나님께서 많은 물질을 주셨건만 그것 역시 나의 유익에만 탕진했던 것에 대해 용서를 빌었습니다. 물질도 환경도 건강도 모두 하나님께서 하나님을 위해 사용하라고, 이웃과 나누라고 주신 것이었습니다. 그러자 자연스럽게 결단이 찾아왔습니다.

"하나님, 이제부터는 하나님께서 원하시는 삶만 살아가겠습니다."

고통을 보는 눈

송내감리교회 목사님과 함께 심방을 다니기 시작하면서 제 삶이 달라졌습니다. 하혈을 하면서도 병원에 안 가는 성도의 집을 찾아가 사정을 들어보면 여지없이 돈이 없어 못 간다는 말이 들려왔습니다. 그러면 저는 얼른 제 주머니에서 만 원을 꺼내 이불 속에 두고 나왔습니다. 하지만 그런 일이 늘어갈수록 과거 제가 흥청거리며 사는 동안 얼마나 많은 이들이 눈물 흘리며 고통으로 얼룩진 삶을 살아갔을까 하고 회개하는 시간이 이어졌습니다.

저는 그 일로 무릎 꿇기 시작했고 이제부터 시작이라고 생각했습니다. 생존을 위협하는 온갖 간난(艱難) 속에서 어려움이 무엇이고, 고통이 무엇이고, 고통과 어려움을 근본적으로 해결하는 복음이 무엇인가를 배워가기 시작했습니다. 그렇게 생각하니 이 모든 과정이 바로 하나님의 훈련이란 것도 알게 되었습니다. 저를 들어 사용하시고자 하는 하나님의 반복된 훈련과 말씀 앞에 무릎 꿇기 시작하자 감사가 절로 나왔습니다. 제가 그 점을 깨달았다는 것은 하나님께서 이미 과거의 김인아가 아닌 새로운 피조물 김인아를 사용하고자 함이라는 확신이 들었습니다.

부(富)에도 처해보고 빈(貧)에도 처해볼 수 있다는 게 감사했습니다. 이 훈련으로 저의 교만이 깨어지고, 그것이 얼마나 부질없는 것인지 깨달을 수 있게 해주셔서 감사했습니다. 새롭게 시작하실 하나님의 계획을 소망할 수 있게 해주심에 감사했습니다. 장차 하나님께서 허락하실 영광을 바라보며 지금의 고난을 극복할 수 있는 꿈을 주셨다는 게 감사했습니다.

그러자 모든 것이 행복했습니다. 주(主) 안에서 누리는 행복이 무엇인지 배울 수 있었습니다. 주 안에서 누리는 만족, 자족감의 비밀을 엿볼 수 있었습니다. 훗날 어떤 형편에 처해 있는 이웃이든지 복음을 들고 찾아가서 복음이 주는 참기쁨과 자유, 사랑과 소망을 확신을 가지고 나눌 수 있었던 것은 어쩌면 이때의 훈련 덕인지도 모릅니다. 하

목사님이 들고 오신 쇠고기 한 근은 예수님의 사랑이었다.   2001 Copyright ⓒ kyujang

나님은 그렇게 저를 빚어가고 다듬어가셨습니다.

목사님과 쇠고기 한 근

집 근처의 조그만 교회, 송내감리교회에 등록하면서부터 저는 무릎
이 강한 여인으로 변해가고 있었습니다. 때가 되매 하나님께서는 저
를 기도하는 사람으로 변화시키셨습니다. 뿐만 아니라 섬기는 교회에
좋은 목회자를 보내주셔서 사역자가 어떤 모습이어야 하는지 구체적
으로 보여주셨습니다.

송내감리교회는 교인들이 약 40명 정도 모이는 자그마한 교회였습
니다. 담임목사님의 성품과 인격은 참으로 아름다워서 그 분 곁에 서
면 늘 예수님의 향기가 나는 것 같았습니다. 비록 오십도 안 되는 연

세에 소천(召天)하셨지만, 그 분의 삶이 얼마나 존경할 만한 것이었는지는 장례식장에서도 느낄 수 있었습니다. 목사님은 급성간경화로 갑자기 돌아가셨습니다. 부천 지역의 모든 감리교 목회자들이 모여 찬송을 부르는 가운데 임종을 맞으셨는데, 그때는 마치 하늘에서 천군 천사들이 목사님을 환영하는 것처럼 느껴졌습니다. 이 세상 어떤 죽음보다 아름다운 죽음을 목격하는 것 같았습니다. 그만큼 생전의 그분 삶은 예수 그리스도의 인격이 묻어나는 그런 삶이었습니다.

제가 그 분께 받은 첫 번째 도전은 성도에 대한 사랑이었습니다. 온유, 겸손, 사랑…. 그 분께는 이런 단어가 참 잘 어울렸습니다. 그러다 보니 교회는 늘 가족적이었고 다툼이나 질시가 없었습니다.

한번은 제가 심한 몸살로 교회에 못 나간 적이 있었습니다. 부천에 간 지 몇 년 만에 우리 가정은 하나님의 은혜로 어느 정도 형편이 나아지고 있던 무렵이었습니다. 저희는 다시 노량진으로 이사를 갔으나 정든 송내교회를 못내 떠나지 못하고 있었습니다. 저는 겨우겨우 근처 노량진교회에서 예배를 드리고 집에 누워 있었습니다. 저녁 8시쯤이었을 겁니다. 누군가 초인종을 눌러 나가보니 뜻밖에도 송내교회 목사님이 거기 서 계셨습니다. 잠바차림에 손에 무슨 봉지를 들고 계셨습니다.

"김 집사, 이거 먹고 기운 차리세요."

목사님은 저에게 그 봉지를 전해주시기 위해 그 먼 길을 달려오셨던 것입니다.

"아니? 목사님, 들어오세요."

저의 성화에도 목사님은 집안으로 들어오시지는 않고 현관에 앉아 잠시 기도를 하셨습니다. 그리고는 뒤도 안 돌아보고 그냥 돌아서서 가시는 것이 아닙니까. 저는 잠시 멍한 기분이 되어 아무 말도 못하고 있다가 목사님이 주신 봉지를 끌러보았습니다. 쇠고기 한 근. 목이 메었습니다. 사모님께 전화를 드렸지요. 그러자 사모님께서 그러십니다.

"목사님이요? 저녁 잡수시고 바람 쐬러 나간다 하시더니…."

대가를 바라지 않는 사랑

목사님은 적으나마 사비를 털어 쇠고기 한 근을 사오셨던 것입니다. '목자의 사랑이 이런 거였구나.'

저는 목이 메어 고기를 들고 한참을 울었습니다. 그 고기는 먹을 수가 없었습니다. 저는 그 고기를 냉동실에 오랫동안 보관하면서 그것을 볼 때마다 목사님의 사랑을 생각했습니다.

지금은 저도 교역자가 되었지만 그때의 일을 가끔 떠올리며 나는 과연 그런 사랑이 있는 교역자인지 되돌아보곤 합니다. 전도대원들의 형편 하나하나를 놓고 기도할 뿐 아니라 그들의 필요를 채워주기 위해 얼마나 깊은 사랑으로 다가가고 있는지 돌아보게 됩니다. 등록금이 없어 어려움을 당하는 성도, 교통비가 없어 쩔쩔매는 사람들에게 적게나마 내 것을 털어 그들을 도울 수 있는 힘, 그것은 그 목사님의 가르침 덕분이라고 생각합니다. 제가 전도대원들에게 그런 사랑으로 다가가려 애쓰는 일, 전도대원들 또한 예수님의 그 사랑으로 이웃에게 전도하려고 애쓰고 있는 연유가 거기에 있습니다.

물질의 부족함을 모르고 자라 과연 물질을 어떻게 써야 하는지 잘 몰랐던 저에게 부천에서 보낸 몇 년 동안의 생활은 꼭 필요했습니다. 그것도 훈련이었습니다. 물질은 어디에 써야 하는지 어떻게 써야 하는지 실제적으로 배울 수 있었습니다. 저는 과천교회 전도대원들에게 지금도 이 말을 합니다.

"하나님의 사랑으로 힘껏 도와줘라. 그리고 뒤도 돌아보지 말고 돌아서라. 대가를 전혀 기대하지 말라."

오늘 저희 교회 전도대원들이 거두는 전도의 열매 속에는 바로 그런 희생적인 사랑이 있습니다.

내가 전하고 싶은 것

하나님께서 송내감리교회를 통해 제게 복주신 것은 그뿐만이 아니었습니다. 하나님은 제가 송내교회에 발을 들여놓기 시작한 그 순간부터 제게 전도에 대한 열정과 헌신의 마음을 부어주시기 시작했습니다. 가족 같은 따뜻함이 넘치는 교회에서 생활하며 제 삶을 주님께 온전히 드려야겠다는 헌신과 결단이 있고부터 제 안에는 전도에 대한 부담감이 자연스럽게 찾아왔습니다. 누가 시켜서도 아니고, 강요해서도 아니었습니다. 많은 것들을 잃어버리고 난 상황 속에서 주님 한 분으로 인한 행복감을 맛보고 나니 전도하지 않고서는 도저히 견딜 수가 없었습니다.

우리는 얼마나 부질없는 것들을 좇아 살고 있는지, 풀은 마르고 꽃은 시들며, 부귀와 권세는 결국 없어지고 말 것들이지만, 우리 하나님의 영광만은 영원하다는 사실을 전하고 싶었습니다. 영원하신 하나님, 그분의 자녀로서 그분과 동행하며 살아갈 때 참사랑이 있고, 나눔이 있고, 소망이 있고, 꿈이 있다는 사실을 알리고 싶었습니다.

저는 40명 남짓 되는 송내교회 교인들을 보면서 전도해야겠다는 열정이 샘솟았습니다. 그게 전도에 발을 내딛게 된 동기의 전부였습니다. 하나님께서는 제 마음을 그렇게 감동시키셨고, 제 삶을 그렇게 이끄셨습니다. 기도하며 전도하기 시작하자 전도의 열매들이 나타나기 시작했습니다. 지금은 아파트가 들어찬 신도시가 되었지만 당시 그곳은 복숭아밭이었습니다. 그러다보니 가가호호 형편들이 다들 좋지 못했습니다. 지금도 그곳을 신발이 닳도록 다니면서 전도하고 양육했던 기억들이 새롭습니다.

제 경험으로 비춰볼 때 전도도 중요하지만 그후의 관리, 즉 양육이 더 중요하다고 생각합니다. 그래서 한번 거둔 전도의 열매들을 직접 관리하고 교육하는 일에도 최선을 다했습니다. 물론 누가 시킨 일도 아닙니다. 다만 그래야만 하고 또 그러고 싶은 마음에 날마다 사역자처럼 뛰어다녔더랬습니다.

어느새 200명이

한번은 이런 일도 있었습니다. 전도한 영혼을 양육하기 위해 한 집을 찾아갔는데, 그 집에 놀러온 어느 새댁이 기도도 함께 안 하고 뾰로통하게 앉아 있었습니다. 그때 저는 얘기 끝에 제 아들 승규 얘기를 했습니다. 그러자 말없이 앉아 있던 그 새댁이 돌연 울면서 제게 말을 해왔습니다. 자신도 지금 둘째아이를 임신중인데 자꾸 불안한 생각이 들어 점집에 가서 물어보니 뱃속의 아이가 아들이면 곧바로 죽고, 딸이면 1, 2년밖에 못 산다고 했다는 것입니다. 그 말을 들은 뒤로 새댁은 더 불안해져서 그렇게 얼굴에 그늘이 드리우고 있었던 겁니다.

"애기엄마, 걱정하지 말아요. 예수님을 먼저 믿으세요. 점집에서 하는 얘기는 믿을 게 못 됩니다. 이제라도 주님을 의지하면 그런 일은 절대 없을 거예요."

저는 담대하게, 확신에 차서 말했습니다. 저는 "예수 믿으면 복 받는다"는 논리만이 아니라, 복음으로 어둠의 역사를 물리치고자 하는 마음에서 간절히 말했습니다. 사단의 궤계에서 그 새댁을 건져 올리고 싶었습니다. 그 새댁에게 닥친 시련이라면 그것은 다름 아닌 불안한 마음이므로 그 불안감을 떨쳐버리는 게 제일 중요했습니다. 제 말에 새댁은 평온을 찾는 듯했습니다. 그후 새댁은 착실하게 믿음생활을 시작하여 안정된 생활을 해나갔습니다. 그리고 건강한 아들을 낳아 잘 키웠고, 그후 딸을 하나 더 봤습니다. 나중에는 남편까지 교회에 나와서 온 가족이 구원에 이를 수 있게 되었습니다.

전도되는 영혼들은 차츰 늘어갔습니다. 처음에는 저 혼자 전도하러 다녔지만 나중에는 전교회 차원으로 확산되어 함께 전도하게 되었고 그러자 얼마 안 있어 교인수가 100명을 넘었고, 몇 년 후에는 200명이 넘어서게 되었습니다.

전도에 불이 붙으려니까 전도와 관련된 훈련이란 훈련은 다 받으러 다녔습니다. 전도 대상자를 사랑으로 돌보는 데 효능이 있는 이슬비 전도학교 훈련도 받고, 전도폭발 훈련도 받아 현장에서 적용해보았습니다. 참으로 감사한 것은 전도를 하러 다니다보면 때에 따라 성령께서 지혜를 주신다는 사실을 발견한다는 점입니다. 그때그때 필요한 대답, 그 상황에 적중하는 답변이 어쩌면 그렇게 생각이 잘 나는지 모릅니다. 나중에 무슨무슨 책을 보면, '어, 이건 내가 직접 터득했던 답인데…'라고 혼잣말을 할 정도입니다. 이 간증은 전도 현장에서 뛰고 계신 모든 분들께 들을 수 있는 간증이라고 생각합니다. 바로 성령께서 친히 우리의 전도 현장에서 일하고 계시다는 증거입니다.

맹인 목사님

송내감리교회를 다니는 동안 전도의 기쁨과 열매를 얻기에 앞서 다른 무엇보다 사랑을 배울 수 있는 계기가 많았다는 점에 감사합니다. 사랑으로 다가가면 전도의 열매는 자연스럽게 따라온다는 사실을 알았습니다. 그러는 동안 저희 가정은 물질적으로도 복을 얻어 서울 염창동의 신동아아파트로 이사를 가게 되었습니다. 그곳에서 모교회인 노량진교회에 다시 나갈 무렵이었습니다.

하루는 눈이 굉장히 많이 내렸습니다. 버스가 못 다닐 정도여서 수요예배에 갈까 말까 망설이다가 전철을 갈아타면서 수요예배를 드리러 가는 길이었습니다. 신도림역에서 전철을 갈아타려고 기다리고 있을 때였습니다. 어떤 시각장애우 한 분이 제게 다가왔습니다. 폭설이 내린 날이라 몹시 쌀쌀했지만 그 맹인은 양복 한 벌만을 달랑 입고 있었습니다. 그것도 동복이 아닌 춘추복이었습니다. 옆에는 어떤 아주머니 한 분이 밍크코트를 입고 있었고, 그 곁에 잠바를 입은 아주머니가 한 분 더 계셨습니다. 얘기하는 것을 들으니 밍크코트의 주인공은 교회 집사이고, 춘추복을 입은 분은 그 교회의 목사님, 얇은 잠바를 입은 분은 사모님이셨습니다. 순간 제 마음이 얼마나 아프던지, 제 목에 두르고 있던 털목도리라도 서둘러 벗어드리고 싶었습니다. 밍크코트를 입은 집사님이 원망스럽기까지 했습니다.

역사에 전철이 멈춰 서자 맹인 목사님은 얼른 전철에 오르셨습니다. 저도 뒤따라 전철을 탔습니다. 밍크코트를 입은 집사님은 아이들을 미국에 유학 보낸 얘기며 자녀교육에 대해 얘기하는데, 저는 점점 더 속이 상해왔습니다. '집이 그렇게 넉넉하면 목사님 외투나 좀 해드리지' 싶은 마음이 들었기 때문입니다. 변변한 외투 한 벌이 없어서 이

추운 겨울날 달랑 양복 한 벌을 입고 나선 맹인 목사님이 너무나 애처로웠습니다.

얼마 후 그 목사님은 노량진역에서 내렸습니다. 저도 뒤따라 내렸고, 사모님 곁으로 다가가 물었습니다.

"저, 어느 교회에 계신가요?"

사모님은 노량진에 있는 무슨무슨 맹인교회라고 하셨습니다. 얼른 지갑을 열어보니 10만 원 권 수표 한 장이 들어 있었습니다. 저는 그것을 꺼내 사모님께 드리며 "목사님 파카 사드리세요"라고 말하고 얼른 도망쳐 나왔습니다.

전도 현장에서 만나는 예수님

제가 이 얘기를 하여 저의 보잘것없는 선행을 자랑하려는 것이 아닙니다. 다만 그 일을 통해 주님께서 말씀해주신 메시지를 함께 나누고 싶은 마음에 그때의 일을 추억하는 것입니다.

집에 돌아온 후 저는 한편으로는 감사했고, 한편으로는 마음이 너무나 아팠습니다. 복잡한 심사를 누르지 못하고 그 목사님 생각에 골몰하다 잠이 들었습니다. 그런데 그날 밤 저는 꿈에서 그 목사님을 다시 만났습니다. 꿈에서 만난 목사님은 따뜻한 털코트를 입고 저희 집에 들어서시더니 이렇게 말씀하셨습니다.

"집사님, 이거 너무 따뜻합니다. 이제 됐습니다."

그러면서 큰 봉투를 하나 저희집에 두고 나가시는 것이었습니다. 저는 얼른 물었습니다.

"목사님, 이게 뭔가요?"

그러자 빙그레 웃으시며 대답합니다.

"김 집사님이 나 옷 사줬잖아요. 그 대가예요. 말하자면 선물입니다."

그때 저는 그 맹인 목사님의 뒷모습을 보면서 '아, 예수님이시구나' 하고 깨달았습니다. 그러자 말로 다할 수 없는 기쁨과 감사가 솟구쳤습니다. 꿈에서 깨었을 때도 그 기쁨은 계속되었습니다. 그때 제게 떠오른 말씀이 있었습니다. 마태복음 25장 40절 말씀입니다.

"임금이 대답하여 가라사대 내가 진실로 너희에게 이르노니 너희가 여기 내 형제 중에 지극히 작은 자 하나에게 한 것이 곧 내게 한 것이니라 하시고."

소자에게 베푸는 사랑, 하나님께서는 무엇보다 그것을 기뻐하신다는 사실을 알 수 있었습니다. 전도 현장에서도 우리는 이런 소자를, 예수님을 자주 만납니다. 그럴 때 예수께서 우리에게 베푸신 그 사랑으로 다가서보십시오. 그러면 하나님께서 많은 선물을 안겨주시는 것을 체험하게 됩니다. 혹 우리는 전도 현장에서조차 돈 있고, 빽 있고 점잖은 사람들에게만 복음을 전하려고 하지는 않는지 돌아보아야 합니다. 내가 지속적으로 돌봐줘야 하고, 베풀어줘야 할 사람이라고 생각되면 복음을 전하려고 하다가도 돌아서는 일은 없는지 냉정하게 살펴봐야 합니다.

전도할 때조차도 어떤 불순한 동기나 목적을 가지고 사람을 가려가며 하고 있지는 않습니까? 오히려 복음을 절실히 필요로 하는 자들에게 등을 돌리고 있는 것은 아닌지 돌아보기 바랍니다. 소자 한 사람에게 필요한 것을 주는 사랑, 그 사랑을 나누는 일, 그 일이야말로 전도 현장에서 쏟아져나와야 하는 일들입니다.

송내교회 훈련을 마치고

정든 송내교회를 떠나 3년 만에 모교회인 노량진교회로 돌아왔을 때 사람들은 모두들 저의 변화된 모습에 놀라움을 금치 못했습니다. 송내교회에서 훈련의 걸음마를 떼게 하신 하나님은 노량진교회에서 본격적으로 '전도 아줌마'로서의 행보를 하도록 예비해놓고 계셨습니다.

노량진교회 목사님들은 저를 보며 한결같이 이런 말씀을 하셨습니다.

"주님은 참으로 위대한 분이십니다."

그래서 제가 왜 그런 말씀을 하시냐고 여쭈면 곧 이렇게 대답하셨습니다.

"어떻게 집사님을 이렇게 바꿔놓을 수 있으신지, 정말 위대한 주님이십니다."

그런 소리를 예사로 들을 만큼 예전의 제 모습은 교만 그 자체였던 것입니다. 하나님께서 저를 낮추시는 과정, 그 훈련 속에 들어가서야 그게 얼마나 부질없고 허망한 것인가를 깨달았으니까요.

얼마 전 저는 과천교회에서 옛적의 저와 비슷한 분을 만난 적이 있습니다. 지금은 전도대에 들어와 맹활약을 하고 계신 권사님이신데, 그 분 집에 처음으로 심방갔을 때의 일이었습니다. 권사님이 식사를 하면서 난데없이 속옷 얘기를 하십니다. 엊그제 속옷을 사러 갔다가 백만 원짜리 속옷을 샀는데, 더 비싼 게 있더라며 자랑스럽게 이야기를 늘어놓는 것이었습니다.

그 모습을 뵈니 제 마음이 참 안 좋았습니다. 그래서 수저를 놓고 말았습니다. 오십이 넘으신 연세에 빨간색 미니스커트를 입고 다니시는 그 분에게 또 백만 원짜리 속옷 얘기를 들으니 비위가 상할 수밖에요. 그런데 그게 바로 과거의 제 모습이었습니다. 상한 마음을 추스르고 그 자리에서 그 분을 위해 기도할 수 있었던 것이 바로 그 때문입니다.

"주님, 저 교만을 깨뜨려주십시오. 주님께 쓰임받는 여종이 되게 해주십시오."

저를 변화시키셨던 주님은 그 분 역시 변화시켜주셨습니다. 그 분에게 복음이 들어가고, 전도대에 들어와 영혼 사랑하는 삶을 살기 시작하면서 전혀 새로운 모습, 겸손한 모습으로 살아가는 권사님을 만날 수 있었습니다. 과거의 화려했던 삶이 영광스럽거나 자랑스럽지 않은, 오히려 하나님 앞에 회개해야 할 모습임을 깨달아갔습니다. 지금 그 권사님은 너무나 아름답게 자신의 삶을 꾸려가고 계십니다. 값비싸고 화려한 옷이나 장식품으로 자신을 드러내는 게 아니라, 자신 속에 계신 예수 그리스도의 형상을 나타내며 영혼을 돌보는 일로 자신의 삶을 빛나게 하고 있습니다.

"그런즉 누구든지 그리스도 안에 있으면 새로운 피조물이라 이전 것은 지나갔으니 보라 새것이 되었도다"(고후 5:17)라는 말씀이 그 권사님께 그대로 적용되고 있습니다.

목숨걸고 전도한다

복음을 증거하는 일은 목숨을 걸고 해야 하는 일입니다. 주님을 진정으로 만났다
면 과거의 삶과 다른 삶을 살아야 합니다. 복음을 증거하는 삶을 살지 않는다는 것
은 내 안에 복음에 대한 감격이 없다는 말과 같습니다. 복음에 대한 감사감격은 전
도로 분출될 수밖에 없습니다.

속은 날로 새로워졌다

전도하러 다니다보면 그야말로 여러 계층의 다양한 사람들을 만나
게 됩니다. 하나님께서 그 영혼을 구원하시기 위해 제 걸음을 직접 인
도하셨다는 생각이 들 때도 있고, 때론 제게 도전을 주시기 위해 그
영혼을 붙여주셨다는 생각이 들 때도 있습니다.

윤영희 집사는 후자에 가까운 경우입니다. 지금도 전도하는 일이 힘
들다고 느껴질 때는 그 분 생각을 하면서 새롭게 도전을 받곤 합니다.
전도란 무엇인지, 어떻게 전도해야 하는지 윤 집사님은 저에게 그것
을 직접 보여주었기 때문입니다.

한참 전도에 불이 붙던 시절이었습니다. 저는 우연히 윤 집사님을
만나게 되었습니다. 그때 본 집사님의 얼굴에는 어두움이 드리워져
있었습니다. 윤 집사님은 이단에 빠져 가정생활조차 제대로 꾸려가지
못하고 있었습니다. 그 분에게는 기쁨이 없고 감사가 없었습니다. 오

직 두려움만 가득했습니다. 이단에 빠진 분들의 대표적인 모습이지요. 그 분과 한참 대화를 나누다가 이런 말을 들었습니다.

"저는 이때껏 예수 믿으면서 한번도 평안한 적이 없었는데요."

그때부터 저는 윤 집사님에게 복음을 증거하기 시작했습니다. 로마서를 가지고 함께 성경공부를 해나갔습니다. 그러던 어느 날, 성경공부를 마치고 오직 믿음으로 말미암아 구원 얻는다는 기도를 드리고 나자 집사님이 이렇게 말했습니다.

"집사님, 여기 이상한 혹이 잡혀요."

윤 집사님이 말하는 곳에 손을 대보니 진짜로 혹이 잡혔습니다. 크기도 꽤 크고 단단했습니다. 저는 느낌이 안 좋아서 얼른 병원에 가자고 재촉했습니다. 예상했던 대로 병원에서는 암인 것 같다며 수술해야 한다고 했습니다. 그런데 어찌 된 일인지 수술을 한다는데도 집사님의 남편이 병원에 오지 않는 것이었습니다. 그 이유인즉 당시 10월 28일에 휴거된다는 이단이 한창 사회를 떠들썩하게 할 때였는데, 윤 집사님이 바로 그 이단에 빠져 가정을 내팽개치다시피 했기 때문에 남편은 그런 아내 모습에 질려 벌써부터 별거 상태에 들어가 있었던 것입니다.

저는 집사님의 남편을 찾아가 간곡하게 부탁했습니다. 한 번만, 마지막으로 한 번만 윤 집사님과 하나가 되어 달라고, 이제 과거에 섬겼던 우상과 이단들을 다 버리고 주님 안에서 바르게 세워졌으니 한번만 윤 집사님과 함께 살아달라고 부탁했습니다. 다행히 집사님의 남편 마음이 움직였는지 알았다며 고개를 끄덕였고, 윤 집사님에게도 잘 대해주었습니다.

수술을 마친 후 윤 집사님에게는 점차 믿음이 들어가기 시작했습니다. 하지만 병의 상태는 좋지 않았습니다. 유방암이 폐로 전이되고 그게 다시 피부암으로 전이되고 말았기 때문입니다. 이 피부암이란 게 얼마나 고통스러운지 옆에서 차마 지켜볼 수가 없을 정도였습니다. 온몸에 종기가 나서 누워 잠을 잘 수도 없었습니다. 이불 몇 채를 포개어 깔고 그 위에 24시간 동안 기대 있어야만 했습니다. 우리 몸에 작은 종기 하나만 나도 온통 신경이 쓰이고 고통스러운데 온 몸에 종기가 나고 진물이 나니 얼마나 고통스럽겠습니까?

여자의 몸으로 집사님은 그런 상태의 몸을 아무에게도 보여주고 싶어 하지 않았습니다. 누군들 그렇지 않겠습니까? 오직 저에게만은 그 몸을 보여주었습니다. 저는 매일 기도하면서 약솜으로 고름을 닦아내고 알코올로 환부를 소독하는 일을 했습니다. 저와 집사님은 매일 함께 예배를 드렸고 복음을 나누었습니다. 그러자 언제부턴가 윤 집사님이 회개의 기도를 하기 시작했습니다. 집사님의 몸은 자꾸 썩어갔지만 그 속은 어린아이처럼 새롭게 거듭나고 있었습니다.

죽기까지 전도한 사람

그러던 어느 날이었습니다. 집사님은 제게 이런 고백을 했습니다.

"집사님, 생각할수록 하나님 앞에 부끄럽고 죄송해요. 제가 왜 그런 이단에 빠져 복음을 바로 알지 못하고 바로 믿지 못했는지…. 얼마나 많은 사람들에게 바른 복음을 전하지 못하고 이단을 전하며 살았는지…."

고백의 말을 하는 윤 집사님의 얼굴에는 눈물이 흘러내렸습니다. 그로부터 얼마 후 집사님은 혼자 힘으로는 움직일 수도 없는 지경이 되었습니다. 그런데 제가 집사님 댁을 찾아갔을 때였습니다. 혼자서는

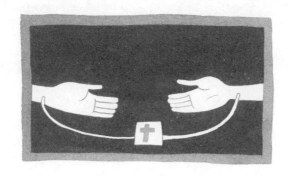

말기 환자가 또 다른 말기 환자에게 '예수님의 피' (복음)를 수혈해주다.

몸도 가누지 못하는 분이 보이지 않았습니다. 얘기를 들어보니 옆집 할아버지가 곧 임종하신다는 소식을 듣고 그 집에 갔다고 합니다. 서둘러 그 집을 찾아간 저는 깜짝 놀라고 말았습니다. 윤 집사님은 임종을 앞둔 그 할아버지 곁에 비스듬히 누워 들릴락 말락한 목소리로 복음을 전하고 있었습니다.

"할아버지, 저도 이제… 조금 있으면… 죽을 거거든요. 근데… 할아버지, 지금 이대로 돌아가시면 천국 못 가요…. 저도 예수 믿어서 천국 갈 거니까… 할아버지도 이 시간에… 예수 믿으세요…. 예수 믿고… 천국 가세요."

그렇게 모기 같은 목소리로 복음을 전하고 있었습니다. 눈물이 핑 돌았습니다. 저렇게 참담한 몸을 이끌고 복음을 증거할 수 있는 힘, 윤 집사님의 그 믿음에 눈물이 나왔습니다. 저는 그 곁으로 다가가 윤 집사님을 껴안고 할아버지께 담대히 복음을 증거했습니다. 할아버지는 "아멘!"으로 답했고 곧 임종을 맞으셨습니다.

그후 저는 과천교회 전도사로 부임하게 되었습니다. 그때가 마침 부흥회 기간이었는데 하루는 윤 집사님 동생 분한테서 전화가 왔습니다.

"전도사님, 여기 강남성모병원인데요, 전도사님 보지 않고는 죽을 수가 없대요."

저는 한달음에 달려갔습니다. 그러자 윤 집사님이 다짐이라도 받으려는 듯 제게 이렇게 물었습니다.

"전도사님, 전도사님, 나 천국 가면 내가 전도한 그 할아버지 만날 수 있지요?"

저는 눈물로 대답했습니다.

"그럼요, 만날 수 있고말고요."

제 대답에 윤 집사님도 빙그레 웃으며 말을 이었습니다.

"제가요, 천국 가서 하나님 만나면 전도사님을 위해서 기도할게요."

그 말을 남기고 윤 집사님은 영광스럽게 하늘나라로 떠났습니다.

복음을 증거하는 일은 바로 이 분처럼 목숨을 걸고 해야 하는 일입니다. 주님을 진정으로 만났다면 과거의 삶과 다른 삶을 살아야 합니다. 복음을 증거하는 삶을 살지 않는다는 것은 내 안에 복음에 대한 감격이 없다는 말과 같습니다. 복음에 대한 감사감격은 전도로 분출될 수밖에 없습니다. 저는 윤 집사님의 생애를 통해 우리가 복음을 바르게 접하는 일이 얼마나 중요한지 깨달았습니다. 또 그 복음을 듣고 내 삶이 그리스도인다운 삶으로 바뀌어졌는지 늘 돌아보게 되었습니다.

"아멘"은 아무나 하나?

전도하려는 열의와 성실성만 갖춘다면 전도는 생각만큼 어려운 일이 아닙니다. 왜냐하면 전도는 내 힘으로 하는 게 아니라 성령께서 하시는 일이기 때문입니다. 저도 전도에 처음 관심을 가질 무렵, 전도는 내 힘으로 하는 게 아니라 성령께서 하시는 일이란 걸, 우린 다만 그 도구로 쓰임받을 뿐이라는 사실을 잘 몰랐습니다. 보이지 않는 영적 세계의 존재와 힘에 대해 알고는 있었지만 직접 체험하지 못하고 있었습니다.

제가 사는 옆집에 목사님 내외분이 사셨던 적이 있습니다. 젊은 목회자 부부였고 저는 그 사모님과 매우 절친한 사이가 되었습니다. 그런데 그 사모님에게는 한 가지 고민이 있었습니다. 그 시아버지가 임종 때가 되어가도 예수님을 영접하지 않는 것이었습니다. 목사님을 모시고 세례를 받으시게 하려 해도 좀체 "아멘!"이란 말을 안 하시고 묵묵부답이니 애가 탈 노릇이었습니다. 사모님의 고민에 대해 듣고 보다 못한 저는 사모님과 함께 작정기도를 하기로 했습니다. 40일 동안 아침 금식을 하며 힘껏 기도했습니다. 그후 사모님은 세례 주실 목사님을 모셔온다고 했습니다. 이번에는 남편 되는 목사님이 아닌, 다른 목사님을 모셔오기로 했다는 것입니다.

저도 간절한 마음이 되어 기도를 드렸습니다. 제발 그 시아버지가 "아멘!" 하고 화답하여 그리스도를 영접하기를 고대했습니다. 그런데 옆집 사모님이 급히 저희 집에 뛰어와서 큰일났다고, 어떡하면 좋으냐고 울상이 되었습니다. 시아버지가 하도 대답을 안 하셔서 목사님이 그냥 돌아가신다고 했다는 것입니다. 저는 사모님과 함께 급히 그 집으로 건너갔습니다. 목사님은 막 자리를 털고 나오시는 길이었습니다.

"목사님, 잠깐만 기다리세요."

저는 일면식이 있는 그 할아버지의 손을 잡고 간절히 기도하기 시작했습니다.

"하나님, 만약 이 시간에 이 할아버지가 예수님을 영접하고 세례를 받는다면 제가 하나님의 살아계심을 믿고 구령사역에 최선을 다하겠습니다."

어찌된 일인지, 그 기도는 마치 저의 서원기도 비슷하게 되었습니다. 약 10분 정도 세례받는 일과 여러 가지 기도제목을 가지고 기도한 뒤 목사님께 다시 청을 드렸습니다.

성령께서 역사하셔야

"목사님, 세례를 한 번만 더 베풀어주세요."

목사님은 '어디서 이런 사람이 왔나?' 하는 표정으로 저를 쳐다보시더니 이어 세례를 베푸셨습니다.

"내가 성부와 성자와 성령의 이름으로 세례를 주노라."

그러자 우리 모두의 시선이 할아버지를 향해 꽂혔습니다.

"…."

묵묵부답인 할아버지를 보자 저는 갑자기 소리를 꽥 질렀습니다.

"할아버지, 아멘 하세요, 아멘!"

그러자 할아버지가 갑자기 "아~" 그러십니다. 아무리 "~멘" 하시기를 기다려도 대답이 나오지 않자 저는 다시 소리를 질렀습니다.

"할아버지, 멘, 하셔야죠, 멘!"

그제야 할아버지 입에서 "~멘!"이란 소리가 나옵니다. 우리는 너무나 기뻐 눈물이 나올 것 같았습니다. 더 놀라운 것은 그 다음부터 할아버지는 목사님이 무슨 말씀만 하셨다 하면 "아멘!" 하고 대답하는 것이었습니다. 이상했습니다. 저는 사람의 마음을 움직이고, 입술을 주장하는 존재에 대해 생각하게 되었습니다. "사람이 마음으로 믿어 의(義)에 이르고 입으로 시인하여 구원에 이르느니라"(롬 10:10)는 성경말씀에 비춰볼 때 할아버지가 왜 그렇게 "아멘" 소리를 안 하셨는지 이상했습니다. 목사님이 돌아가신 다음 저는 할아버지께 물었습니다.

"할아버지, 왜 그렇게 '아멘'이라고 안 하셨어요?"

그러자 할아버지도 그게 이상하다고 말씀하십니다.

"내가 우리 아들 생각해서라도 '아멘'을 해야지 하고 생각은 하는데, 아, 그 말이 입으로는 안 나오데. 그래서 나도 막 답답하고 미안하고…. 그러던 차에 댁이 갑자기 소리를 꽥 지르니까 나도 모르게 덜컥 '아멘'이 나오더란 말이지. 그때부터는 '아멘'이 술술 나오는 거여."

그러니까 무슨 뜻입니까? 우리가 주 예수 이름으로 기도할 때 "아멘!"이라고 화답할 수 있는 건 큰 축복이라는 사실입니다. 이미 성령께서 그 속에 역사하셨다는 뜻이기도 합니다. 전도 현장에 나가보면 이와 비슷한 사례들이 무척 많습니다. 복음을 제시하고 영접기도까지 끝내도 "아멘!"이라고 대답하지 않는 사람이 많습니다. 그럴 때 계속해서 기도해주고, 복음을 나누다보면 나중에 "아멘!"이란 대답을 하게 됩니다.

저는 이 사건 이후 영적인 세계에 눈을 뜬 느낌이었습니다. 은연중에 구령사역에 힘쓰겠다는 결단의 기도까지 하게 된 그때가 제가 전도에 발을 들여놓게 된 시점이 아닐까 생각합니다.

복음증거의 담대함은 어디서 나오는가?

요즘도 과천교회 전도대원들은 하루도 쉬지 않고 전도 일선에 나서고 있습니다. 월, 화, 수, 목, 한 주에 170명이 전도를 위해 뛰어다닙니다. 그러다보니 매주 새신자로 교회에 등록하는 숫자만 해도 40~50명에 이릅니다. 이 모습을 보고 많은 이들이 어떻게 그런 삶을 살 수 있느냐고 묻습니다. 교회에서 전도에 헌신하는 사람이 어떻게 이렇게 많을 수 있느냐고 말들 합니다. 그러나 엄밀히 말해서 우리가 예수를 믿었다는 것은 당연히 전도의 삶을 살아가겠다고 결단하는 것과 같은 것입니다. 우리 안에 복음에 대한 감격이 있기 때문에, 예수의 사랑에 대한 벅찬 은혜가 있기 때문에 입을 열어 복음을 전하고, 죽어가는 영혼을 붙잡을 수밖에 없는 것입니다.

우리는 이 사실을 사도 바울을 통해 확인하게 됩니다. 사도 바울이 죽음도 두려워하지 않고 복음을 증거할 수 있었던 담대함을 어디서 얻었을까요? 그저 오랫동안 신앙생활 해왔기 때문에 그 신앙 연륜으로 그럴 수 있었습니까? 타성에 젖은 그 신앙으로 주의 복음을 증거할 수 있었을까요?

사도 바울의 생애를 살펴보면 재미있는 사실을 발견할 수 있습니다. 그는 예수님을 믿기 전과 후, 전혀 다른 삶을 살았던 사람입니다. 그가 믿었던 하나님은 똑같은 하나님이었습니다. 그런데도 그리스도를 만난 후 바울의 믿음은 엄청나게 달라졌습니다. 율법으로 정죄를 일삼던 사울의 모습은 온데간데없고, 그리스도의 복음을 전하기 위해 펄펄 뛰어다니는 모습으로 변화되었습니다. 저는 바울의 생애를 살펴보면서 우리 가운데에도 같은 하나님을 믿으면서 사울처럼 사는 교인이 있는가 하면, 바울처럼 기쁨과 즐거움과 감격 속에 살아가는 그리스도인이 있다는 사실을 발견했습니다.

사도 바울은 그리스도를 만나기 이전에도 하나님을 섬겼던 사람입니다. 그리스도를 만나기 전에는 율법을 잘 지켜야만 하나님께 영광을 돌린다고 생각했습니다. 그뿐만이 아닙니다. 하나님을 너무 잘 믿다보니 갑자기 예수를 믿는다는 사람들이 미워지기 시작했습니다. 그 이유가 무엇입니까? 그가 추종하던 율법 중 신명기 21장 22, 23절 말씀을 살펴보겠습니다.

"사람이 만일 죽을죄를 범하므로 네가 그를 죽여 나무 위에 달거든 그 시체를 나무 위에 밤새도록 두지 말고 당일에 장사하여 네 하나님 여호와께서 네게 기업으로 주시는 땅을 더럽히지 말라 나무에 달린 자는 하나님께 저주를 받았음이니라."

바울은 이 말씀을 너무나 잘 알고 있었기 때문에 예수님이 메시아라는 사실을 전혀 믿지 못했습니다. 신명기 말씀에 나무에 달린 자는 저주받은 자라고 했습니다. 그런데 예수께서는 바로 나무에 달리셨습니다. 바울은 이 사실을 생각하면서 예수 믿는 자들을 보고 미친 자들이라고 했습니다. 십자가에 달린 사람은 저주를 받은 사람인데, 어떻게 그가 메시아가 될 수 있겠느냐고 생각했기 때문에 바울은 예수 믿는 사람들을 핍박한 것입니다.

예수님을 만났습니까?

그런 어느 날, 살기등등하여 예수 믿는 사람들을 잡으러 가던 중 그는 다메섹도상에서 주님의 음성을 듣습니다.

"사울아, 사울아!"

"뉘시옵니까?"

"나는 네가 핍박하는 예수다!"

그곳에서 바울은 자신이 핍박하던 예수님을 만나 꼬꾸라집니다. 그 만남과 동시에 바울은 과거 자신의 신앙이 잘못되었다는 것을 깨닫습니다. 지금까지는 율법으로 하나님 섬기는 일을 최고로 알았지만, 예수님을 만나고 나니 은혜가 율법을 타파했다는 사실을 깨달았습니다. 예수께서 왜 철저하게 저주받은 자가 되어 나무에 달려 죽으셨는지, 그리스도께서 왜 버림을 받으셨는지 깨달았습니다. 그는 저주받은 예수와 부활하신 예수가 동일한 인물임을 알게 되었습니다. 예수가 바로 하나님이심을 깨달았습니다.

그후 그는 율법이 아닌, "오직 믿음으로 구원 얻는다"는 사실을 외치고 다녔습니다. 믿음은 바로 은혜이며, 그 은혜가 그를 감격시켰습니다. 그 은혜 속에서 그는 기뻐했고, 복음을 증거하기 위해 다녔습니다. 그리고 다음과 같이 고백합니다.

"내가 그리스도와 함께 십자가에 못박혔나니 그런즉 이제는 내가 산 것이 아니요 오직 내 안에 그리스도께서 사신 것이라 이제 내가 육체 가운데 사는 것은 나를 사랑하사 나를 위하여 자기 몸을 버리신 하나님의 아들을 믿는 믿음 안에서 사는 것이라"(갈 2:20).

우리에게도 이 같은 고백이 있어야 하지 않습니까? 내가 지금까지는 잘못된 신앙을 가지고 살았지만 주님을 만난 이후로는 주님 안에서 새롭게 살아가겠다는 이 고백이야말로 얼마나 아름답습니까? 그는 저주받은 십자가에 달려 죽으신 예수님과 부활하신 예수님이 동일하신 분임을 분명히 깨달았습니다. 또한 그분이 받은 저주는 바로 나 때문이라는 사실도 알았습니다. 그러자 그 십자가는 저주받은 십자가가 아니라 사랑의 십자가로 변했습니다. 나를 대신하여 죽으신 예수님의 복음을 전하기 위해 죽음도 두려워하지 않게 되었습니다. 전에는 예수 믿는 자들을 핍박하는 데 온 힘을 썼지만, 이제 그리스도를 만났으니 복음을 증거하는 일에 최선을 다하겠다고 고백하게 되었습니다.

이런 예수님을 우리도 만나야 합니다. 우리가 주님의 살아계심과 은혜 속에 살아갈 때 우리 생명을 아끼지 아니하고 복음을 증거할 수 있다는 것입니다. 내가 지금까지 예수를 믿어왔으니까 앞으로도 그렇게 예수를 믿으며 살아가겠다는 수동적인 태도에 머물러서는 안 됩니다. 과거를 돌아보고 잘못된 태도가 있다면 과감하게 떨쳐버리십시오. 가장 낮은 자의 자세로 겸손한 태도로 주님만을 간구하며 새로 시작해야 합니다. 그리고 복음을 전해야 합니다.

복음을 전하는 전도의 현장에 서면 주님을 더욱 가깝게 만날 수 있습니다. 영혼을 찾으시는 주님의 그 애타는 손길과 마음을 느낄 수 있습니다. 마치 어머니가 자식을 키울 때 그 모성애가 절정에 다다를 때처럼, 우리가 새로운 영혼을 찾고 그 영혼을 정성으로 양육하다보면 우리 속에 숨겨진 주님의 사랑이 자꾸만 발동합니다. 주님과 더욱 가깝게 교제할 수 있습니다. 주님의 은혜 속에 날마다 젖어듭니다. 날마다 한 걸음씩 주님께 가까이 다가설 수 있습니다. 복음을 들고 산을 넘는 자의 발이 아름다운 것은 바로 그 때문입니다.

2부 아파트 전도 아줌마 병법(兵法)

아파트 전도의 효과를 기대하려면 조직적이고 체계적인 전

도 체제를 갖추고 있어야 합니다. 전도 방법은 물론, 양육

관리 프로그램 자체도 체계적이지 않으면 혼란에 빠지기

쉽습니다. 아파트의 경우, 워낙 많은 세대가 거

주하는 공간이다보니 자칫 잘못하여

한번 방문한 집에 또 다른 전도

팀이 방문해서 같은 질문을

하거나 지나치게 번

거롭게 한다면

역효과를 거둘

수도 있기 때문입니다.

아파트 경비 아저씨부터 전도하라

구역장님들은 우선 주민들이 입주해오기 전 일단 경비 아저씨들부터 사귀기 시작

했습니다. 경비 아저씨를 먼저 전도한 것입니다. 아파트로 올라갈 때마다 감사의

선물을 전하고, 낮에는 점심으로 설렁탕도 시켜드렸습니다. 그러자 경비 아저씨가

정보통이 되어 많은 도움을 주는 일이 심심치 않게 일어났습니다.

아파트 전도, 어렵지 않다

전도하는 방법에는 여러 가지가 있습니다만 도심에 자리잡은 교회의 경우, 누가 뭐래도 전도의 성패는 아파트 전도에 달려 있습니다. 그런데도 아파트 현관문이 철문으로 꼭꼭 닫혀 있고 경비원들의 냉대 탓에 모두들 아파트 전도를 어려워하고 있는 것 또한 사실입니다. 어떤 분은 아예 아파트 전도가 불가능하다고까지 말합니다.

하지만 노량진교회에서 집사로 섬기던 시절, 제가 주로 전도하던 대상자들은 거의 아파트 주민들이었고, 그 열매 또한 부지기수였습니다. 지금은 과천교회 전도사로 섬기고 있지만 이곳에서도 마찬가지입니다. 저희 전도대원들은 아파트 전도를 하기 위해 먼저 경비원 아저씨들을 전도합니다. 그 분들의 마음부터 녹여달라고 주님께 간구합니다. 그 기도 덕에 어느 곳에서는 전도하면서 아예 경비 아저씨들과 협조가 이루어지기도 합니다.

"아휴, 집사님. ○호, ○○호는 전도지를 안에다 넣지 마세요. 그냥 밖에다가 놓고 가세요."

"왜요?"

"경비실로 항의 전화가 와요. 아예 전도팀을 아파트 안으로 들여보내지 말라고 말입니다."

이렇게 친절하게 정보를 알려줄 정도입니다. 즉, 전도를 하려고만 하면 하나님께서는 어떻게 해서든지 길을 열어주신다는 것을 경험으로 터득하게 되었습니다.

과천교회의 경우, 전도팀이 워낙 체계적으로 전도해왔기 때문에 이제는 과천교회에 올 만한 사람들은 다 모은 듯한 느낌이 들 때도 있습니다. 이미 마음이 준비된 영혼들은 일단 모두 데려온 듯한 느낌입니다. 그렇다보니 지금 전도하는 사람들은 그야말로 생짜배기들, 예수님을 처음 알고 믿는 사람들이 많습니다.

과천의 인구는 총 7만이며 그중 과천교회 교인이 15,000명입니다. 전도팀들이 1년에 교회에 등록시키는 인원은 2,400~2,700명에 달합니다. 그러니까 그 분들을 전도하기까지 전도팀들이 얼마나 발로 뛰어다녔는지, 또 얼마나 열성적이었는지는 다음 페이지 표를 통해서도 짐작할 수 있으리라 생각합니다.

입주 전부터 임명한 구역장, 권찰

송내감리교회에서 훈련받은 뒤, 노량진교회로 돌아오게 된 저는 오자마자 여러 직분을 받았습니다. 어찌된 일인지 목사님들은 제게 많은 일을 맡기려고 하셨습니다.

501	502	503	504	505	506	507	508	509	510
재방문	재방문	재방문 없음	재방문 없음	없음	과천교회 없음	없음	없음	과천교회 없음	없음

401	402	403	404	405	406	407	408	409	410
과천교회 없음	과천교회 없음	재방문	과천교회	타교회	없음	과천교회 심방요	과천교회	무교 재방문	없음

301	302	303(상)	304	305	306	307	308	309	310
타교회	성당 없음	재방문 새댁은 무교 시어머니는 타교회	과천교회	재방문	없음	과천교회	없음	없음	불교 재방문

201	202	203	204	205	206	207	208	209	210
타교회	과천교회	없음	성당 재방문	없음	없음	타교회	없음	없음 성당	없음 성당

101	102	103	104	105	106	107	108	109	110
성당 없음	과천교회 없음	과천교회 온가족	과천교회	재방문 없음	성당 재방문	과천교회	무교 재방문	없음	성당 없음

"김 집사님, 이거 좀 맡아주세요."

그런 말씀을 들을 때마다 저는 거절할 수가 없었습니다. 어려서부터 어머니나 언니로부터 보아온 순종하는 신앙의 미덕을 저도 한번 발휘해보고 싶었습니다. 연세 드신 분들을 대상으로 하는 한글학교 교사, 중등부 교사, 구역장, 전도대 서기, 성가대, 성가대 회계, 여전도 회장 등…. 헤아려보니 대략 12가지 일을 한 것 같습니다.

그렇다고 해서 가정생활을 작파했던 것은 아닙니다. 예수를 진정으로 믿기 전 저는 참 게으른 사람이었습니다. 남편이 출근한 다음에는

12시, 1시까지 다시 잠을 잤는데 그래도 피곤했습니다. 일하는 아주머니가 집안일을 도와주었기에 망정이지, 집안일 하나 제대로 해내지 못하던 사람이 바로 저입니다. 그런데 예수를 믿고 나서 사람 자체가 부지런해졌습니다. 잠도 없어지고 오히려 몸도 건강해졌습니다. 제가 조금만 부지런하면 교회 일과 가정 일을 얼마든지 잘 병행해나갈 수 있다는 것을 알았습니다.

목사님께서 무슨 일을 시키실 때마다 "아멘!"으로 받았던 것도 그 때문이었습니다. 내가 할 만하기 때문에 하나님께서 시키신다, 또 열심히 하다보면 모든 일을 할 수 있도록 하나님께서 환경까지 조성하신다는 확신이 제게 있었습니다. 즉, 주의 종을 통해 하나님께서 내게 주시는 일들에 관해 순종하는 마음을 가지고 임하면 하나님께서 다 갚아주신다는 믿음이 생긴 것입니다.

그때 맡은 일 중의 하나가 전도부 서기 일이었습니다. 당시 노량진교회는 위치가 그리 좋지는 않았습니다. 그렇지만 저는 마을버스를 타고 다니며 전도했습니다. 그런데 교회에서 일곱 정거장 정도 떨어진 거리에 마침 아파트가 들어서기 시작했습니다. 위치상으로 보면 굳이 노량진교회에서 전도해야 할 곳은 아니었습니다. 하지만 제 마음에는 전도에 대한 감동이 자꾸만 밀려왔습니다. 당시 전도부를 맡고 계시던 이종안 목사님과 회의를 하던 끝에 먼저 그 구역에 구역장과 권찰부터 세우자는 의견이 나왔습니다. 아직 완공도 하지 않은 아파트에 구역장, 권찰을 한 개 동에 한 사람씩 임명하자는 것입니다.

그렇게 해서 그해 5월, 노량진교회에서는 입주도 안 한 상태의 아파트 동마다 구역장, 권찰을 다 임명해놓았습니다. 그리고 용의주도하게 전도를 위한 준비를 하나하나 해나갔습니다. 알아보니 아파트 입주는 총 760가구라고 했습니다. 구역장님들은 우선 주민들이 입주해

오기 전 일단 경비 아저씨들부터 사귀기 시작했습니다. 경비 아저씨를 먼저 전도한 것입니다. 아파트로 올라갈 때마다 감사의 선물을 전하고, 낮에는 점심으로 설렁탕도 시켜드렸습니다. 주 안에서 동역하는 자까지는 아니더라도 이웃처럼, 친구처럼 사귐을 갖다보니 재미있는 일들이 일어났습니다. 경비 아저씨가 정보통이 되어 많은 도움을 주는 일이 심심치 않게 일어났습니다.

"집사님, 오늘은 몇 호, 몇 호에 이사 와요."

얼마나 놀랍습니까? 우리는 입주가 시작될 무렵 아예 아파트 입구에서 서빙을 하기 시작했습니다. 음료수와 커피(여름에는 냉커피)를 갖다놓고 이사 오시는 분들에게 무료로 제공했습니다. 교회 이미지를 홍보하기 위해서이기도 할 뿐더러 이사 오는 분들에게 각별한 이웃 사랑을 느끼게 하고 싶었기 때문입니다.

첫 열매를 소원합니다

저는 하나님 앞에 이런 마음을 아뢰었습니다.

"주님, 제가요, 이 아파트에서 얻게 되는 첫 가정은 첫 열매로 꼭 주님께 드리고 싶습니다."

이 마음이 들기 시작하자 입주가 되기 전부터 하나님께 자꾸 이 기도를 드렸습니다. 아파트 입주가 본격화되면서 저는 계속 기도했습니다.

"하나님, 첫 가정을 주시옵소서. 주시옵소서."

때마침 403호에서 그 테이프를 끊었습니다. 저는 권찰님과 함께 음료수를 가지고 403호로 뛰어올라갔습니다. 한여름이라 문은 활짝 열려 있었습니다. 그래도 전도할 때만큼은 더욱 예의를 지켜야 한다고 생각하여 초인종을 눌렀습니다.

"딩동!"

주인아주머니가 나오며 묻습니다.

"누구세요?"

"네, 안녕하세요? 저는 노량진교회 집사인데 이사 오셨다고 해서 짐 좀 정리해드릴까 하고요."

그러자 곧 주인아주머니는 저를 경계하는 눈빛이 역력해집니다.

"아닙니다. 필요 없어요. 저는 절에 다니기 때문에 교회 같은 데는 안 나갑니다."

그럴 때 어떻게 대처해야 할까요? 첫 열매를 주님께 드리기로 했는데, 만약 그 분이 단호하게 거절하여 제가 돌아서서 나와버린다면 전도는 불가능합니다. 신발을 벗고 안으로 들어갈 때 성령께서 역사하시지, 전도자가 포기해버리면 성령께서도 어쩔 수가 없으십니다.

교회 유치원 자랑도 봉사하며

저는 권찰님께 따라오라고 하면서 신발을 벗고 집안으로 들어섰습니다. 어지럽게 널려 있는 박스를 반 억지를 쓰다시피 하고 정리해주었습니다. 책꽂이에 책도 꽂아주고, 베란다 청소며 부엌 청소까지 다 해주었습니다. 청소를 끝내고 집안을 둘러보니 어린아이가 한 명 있었습니다.

"어머나, 너 누구니?"

"영수(가명)인데요."

"몇 살이야?"

전도 대상자의 필요에 부응하는 사랑을 베풀 때 그들의 마음문도 따라 열린다.　

"네 살이요."

저는 그 주인아줌마, 즉 영수 엄마에게 물었습니다.

"영수 엄마, 어디서 이사 오셨어요?"

"목포에서 왔는데요."

이삿짐을 정리해준 터라 마음이 조금은 누그러졌는지, 목소리가 한결 부드러워졌습니다.

"영수 엄마, 우리 교회 유치원이 너무너무 좋아요. 거기는 아무나 못 들어가거든요. 거기 들어가려면 며칠씩 기다려야 하는데 영수네가 이 아파트에 처음 입주했으니 그 기념으로 내가 한 명쯤은 어떻게 넣어달라고 할 수도 있을 것 같은데 넣어드릴까요?"

호의어린 물음에 영수 엄마는 별 반응을 보이지 않습니다.

"글쎄요? 생각 좀 해보고요."

영수 엄마는 제 호의가 못내 의심스러웠는지 계속해서 이렇게 당부하는 것을 잊지 않았습니다.

"저기요, 저한테 교회 나오라는 소리는 하지 마세요."

그럴 때 어떻게 대답하는 것이 지혜로울까요? 저는 이렇게 답했습니다.

"알았어요. 하지만 그냥 사귀는 건 괜찮지요? 앞으로 친하게 지냈으면 좋겠네요."

그러자 영수 엄마도 그건 괜찮다고 말했습니다.

저는 그럼, 내일 놀러오겠다고 말한 뒤 그 집을 나왔습니다. 그날 밤, 저는 예배당에 가서 다른 기도는 일절 하지 않고, 영수네 집만 놓고 기도를 드렸습니다.

"하나님, 신영수, 신영수를 구원해주십시오. 우상을 섬기고 있는데 이번 기회에 우상을 버리고 예수님을 믿게 해주십시오."

저는 시간 가는 줄도 모르고 오직 그 가정을 위해 간절히 기도를 드렸습니다.

"그렇게 될 줄로 믿습니다"

다음 날, 저는 슈퍼에서 세제 하나를 사들고 다시 403호 벨을 눌렀습니다. 영수 엄마는 다시 저를 보자 어제 애를 많이 써주었다며 과일과 음료수를 내왔습니다. 그때 제가 이렇게 말했습니다.

"영수 엄마, 어떡하지?"

"뭘요?"

"나는 교회 집사라 이렇게 먹을 걸 대접받으면 꼭 기도를 해야 하는데, 안 하면 못 먹는데 어떡하지? 내가 기도 좀 해도 될까요?"

제 난처해하는 표정을 본 영수 엄마는 "그럼 기도하세요"라고 선선히 말했습니다.

기회는 바로 이때입니다. 저는 입술을 열어 그 가정을 위해 기도했습니다. 기도할 때 그 가정을 위해 복이란 복은 다 빌며 기도를 드렸습니다. 그런 다음 "예수님 이름으로 기도합니다. 아멘" 하고 끝을 맺었습니다.

제가 기도를 마치자 영수 엄마는 가만히 있었습니다. 그래서 제가 다시 말을 이었습니다.

"영수 엄마, 어떡하지?"

"아니 왜요?"

영수 엄마의 얼굴은 이번엔 또 뭔가 하는 표정이 되어 저를 쳐다보았습니다.

"내가 이 가정을 위해서 복이란 복은 죄다 달라고 기도했는데 영수 엄마가 '아멘'을 안 하면 그 복이 다 나에게 되돌아와요. 그럼 어떡하지?"

그러자 영수 엄마가 묻습니다.

"아멘이 무슨 뜻인데요?"

"네, 그건 '그렇게 될 줄로 믿습니다'라는 뜻이에요."

"그럼, 아멘이라고만 하면 되는 거예요?"

"그럼요."

그러자 영수 엄마는 "아멘"이라고 입술을 열어 고백합니다. 그리고는 불안한지 다시 한번 제게 다짐을 받았습니다.

"저한테 교회 다니라는 말씀은 하지 마세요."

저는 알았다고만 대답했습니다. 대신 영수 엄마랑 친하게 지내고 싶다고 말하고 이런 저런 얘기를 하다가 돌아왔습니다.

성경과 기질을 알면 전도가 쉬워진다

영수 엄마와 오랫동안 대화를 나눈 그날, 505호에 이사 들어온다는 소식이 들려왔습니다. 저는 505호를 찾아가 초인종을 눌렀습니다. 영수네와 같은 수법으로 집안으로 들어섰습니다.

"저, 노량진교회 김 집사라는 사람인데요, 이삿짐 정리하시는 것 좀 도와드리려고요."

그러자 그 분은 흔쾌히 따라 들어오라고 했습니다. 들어가서 이삿짐을 정리하다보니 성구가 쓰여진 액자가 보였습니다. 알고 봤더니 그분은 부천에서 이사 오신 집사님이라고 했습니다. 정리를 다 끝내자 그 분이 이런 말씀을 합니다.

"제가요, 이 주변의 교회란 교회는 다 다녀보고 제 마음에 꼭 드는 교회를 정할 테니 꼭 노량진교회에 나오라고 하지는 마세요."

그런데 그 소리를 듣는 순간, 저는 이 분을 놓치면 안 되겠구나 싶었습니다. 가만 보니 이 분은 몸놀림도 재고 목청이 우렁찬 게 믿음생활을 해도 뜨겁게 할 분 같았기 때문입니다. 사람들이 예수를 믿을 때는 자신의 성격이나 기질대로 믿는 경우가 많습니다. 일단 그 분이 어떤 분인지 파악이 되자 저는 자리를 털고 일어서기에 앞서 그 분께 기도해드리겠다고 하고 기도를 시작했습니다. 그 가정을 위해 열심히 축복의 기도를 드린 후 "예쑤님 이름으로 기도합니다. 아~멘!" 하고 마쳤습니다. 혀도 약간 굴려가며 소위 뜨겁게 기도한 것입니다. 그러자 이 집 미영(가명)이 엄마는 당장에 이렇게 말했습니다.

"집사님 기도하시는 거 보니까 그 교회 되게 뜨거운 교회 같네요. 이번 주일에 등록할게요."

그날 저는 다시 예배당을 찾았습니다. 미영이 엄마를 위해 다시 한 번 뜨겁게 기도했습니다.

"하나님, 그 믿음 변치 않게 해주십시오."

주일이 되어 미영이 엄마와 함께 교회로 가려고 아파트 계단을 올라가려고 하는데 누군가 저를 부르며 손짓하는 게 보입니다. 올라가보니 영수 엄마였습니다.

"영수 아빠가요, 첫 비행기 타고 목포에 내려갔거든요. 청소 다 해 놓고 나니까 심심해서…."

때는 이때였습니다. 저는 얼른 물었습니다.

"그럼 영수 엄마 시간 있겠네?"

"시간요? 시간, 있죠."

"그럼, 위층 미영이 엄마가 오늘 우리 교회에 가시기로 했는데 같이 가볼래요? 가서 유치원이 어떤가 보고…. 한번 가봅시다."

그리고 곧장 신발을 벗고 현관 안으로 들어서서 조금은 호들갑스럽게 말했습니다.

"영수 옷 어딨어요?"

영수 엄마도 좋아 들어와서 "제가 옷 입힐게요"라며 영수에게 옷을 입혔습니다. 제가 또 수선을 피우며 재촉했습니다.

"영수 엄마 옷은 어디 있어요?"

그러자 영수 엄마는 피식 웃더니 "제 옷은 제가 입을게요"라며 옷을 찾습니다.

영수 엄마와 영수를 데리고 나온 저는 그들을 잠깐 기다리라고 하고

505호 미영이네로 들어갔습니다. 그리고 이렇게 얘기했습니다.

"아이고 미영이 엄마, 나 좀 도와줘. 아래층 영수 엄마가 오늘 교회 가는데 이제까지 절에 다녔던 분이래요. 집사님이 맛있는 것도 좀 해주고 잘 인도해줘요."

"그럼요, 그래야죠."

이렇게 해서 그날, 미영이 엄마와 영수 엄마, 두 사람 모두 교회에 나왔고 등록까지 마치게 되었습니다.

이젠 영수 엄마도 전도왕

그후 미영이 엄마는 영수 엄마에게 너무나 잘해주었습니다. 부침개도 부쳐서 갖다주고 먹을 것만 생기면 꼭 같이 나누곤 했습니다. 전도한 다음에는 무엇보다 양육이 중요하다는 것을 알았기 때문에 저도 매일 그 집을 찾아가서 그 분들과 교제도 나누고 같이 성경공부도 했습니다. "하나님께서 제일 기뻐하시는 게 있는데 그것은 전도입니다. 제일 싫어하시는 게 있는데 그것은 바로 우상을 섬기는 일입니다"라고 교육했습니다.

어느 날인가 제가 집에서 쌀을 씻고 있는데 전화벨이 울렸습니다. 영수 엄마였습니다.

"집사님, 407호에 이사 들어오려고 먼저 청소하고 있대요."

참 놀라운 일입니다. 교회에 오래 다닌 신자들보다 훈련받은 초신자들이 더 빨리, 더 많이 전도한다는 점 말입니다. 현재 과천교회 전도대원들 중에도 최근 2년 안에 등록하신 분들이 약 30퍼센트 가량 됩니다. 그 분들 중에는 처음으로 예수 믿는 분들도 계십니다. 그런 분들이 훈련만 되면 얼마나 열심히 전도하는지 모릅니다.

오랫동안 신앙생활 했지만 시원찮게 믿는 사람보다는 믿은 지 얼마 안 되었어도 오히려 뜨겁게 신앙생활 하시는 분들이 많습니다. "먼저 된 자로서 나중 되고 나중 된 자로서 먼저 될 자가 많으니라"(마 19:30)고 하는 말씀을 실감하게 됩니다. 영수 엄마 역시 현재 분당에서 전도왕으로 활발히 활동하고 있습니다.

저는 영수 엄마의 연락을 받고 급히 407호로 갔습니다.

"저, 노량진교회 집사인데, 청소 좀 도와드리려고요."

그러자 집주인 되는 아주머니가 이럽니다.

"아이, 재수 없어! 저리 비켜요. 우리는 절에 다녀요."

아주머니는 몹시 신경질적으로 얘기하면서 저를 팍 밀쳤습니다.

'주여, 감사합니다.'

저는 마음속으로 그렇게 기도하고 가지고 간 음료수를 내밀었습니다.

"이거 드셔가면서 하세요. 내일 또 올게요."

"오긴 뭘 와요. 오지 마세요."

그러면서 문을 큰소리 나게 닫았습니다. 저는 곧바로 영수 엄마에게 달려갔습니다. 도와달라고 부탁하기 위해서였습니다. 영수 엄마와 함께 전도하려고 가는데 못 보던 아이 두 명이 올라오는 게 보였습니다.

"어머, 너희들 어디 사니?"

아이는 407호에 새로 이사 왔다고 했습니다. 반가운 마음에 교회 다닌 적 있느냐고 물어보았습니다. 아이는 교회에 가고 싶은데 엄마가 절에 가라고 하면서 교회에 못 가게 한다고 말했습니다.

"그래? 그럼 아줌마가 너희들 교회 나가게 해줄 테니 아빠 엄마 이름 좀 알려줄래?"

그날 저녁, 그 가정을 주님께 올려드리기 위해 저는 다시 예배당을 찾았습니다.

"주여, 정민(가명)이 엄마 마음을 움직여주시옵소서. 정민이 엄마를 붙들어주옵소서."

재수 있는 아줌마로 바뀔 줄 믿습니다!

다음 날, 이삿짐이 들어오길래 음료수를 가지고 다시 407호로 올라 갔습니다. 정민이 엄마는 저를 알아보고 다시 인상을 찡그렸습니다.

"아, 이 재수 없는 아줌마가 또 왔네."

그 말에 저는 속으로 이렇게 기도했습니다.

'주여, 재수 없는 아줌마에서 재수 있는 아줌마로 바뀔 줄 믿습니다!'

저는 아무렇지도 않게 현관 안으로 들어서며 일하고 계신 아저씨들을 가리켰습니다.

"저분들 수고하시는데 음료수 좀 드리려고 왔어요. 나중에 또 뵐게요."

그리고 금세 그 집을 나왔습니다. 그런데 놀라운 일이 일어났습니다. 전도하러 나가서 매일, 하루에도 몇 차례씩 정민이 엄마를 만난다는 것입니다. 저는 정민이 엄마를 만날 때마다 이렇게 말했습니다.

"하나님은 정민이 엄마를 사랑하십니다. 이번 기회에 우상을 버리고 예수 믿으세요."

저녁나절에 다시 마주치면 "하나님은 정민이 엄마를 사랑하십니다…"라고 말했습니다. 그런데 시장에 가면 또 만납니다.

"하나님은 정민이 엄마를 사랑하십니다. 이번 기회에 우상을 버리고 예수 믿으세요."

하루에도 몇 번씩 마주치자 정민이 엄마도 잔뜩 짜증이 나는지 "아니, 이 아줌마는 왜 이리 자꾸 만나는 거야?"라고 투덜거렸습니다. 저는 빙그레 웃으며 말했습니다.

"아마 이따가 또 만나게 될 겁니다."

아닌 게 아니라 조금 후에 우리는 또 마주쳤습니다. 그러자 정민이 엄마는 저를 보면서 두려운 마음이 생긴 모양이었습니다. 그런 마음이 고스란히 얼굴에 드러났으니까요.

정민 엄마와의 접촉점

그러던 어느 날, 전도 동역자인 영수 엄마로부터 다시 전화가 왔습니다. 그 집에 들어갈 수 있는 방법을 알았다는 것입니다. 부침개를 부쳐서 그 집에 놀러 갔던 영수 엄마가 정민이네 집에 옷이 많은 것을 보고 웬 옷이냐고 물었더니 남편이 옷을 만들어서 업체에 납품을 하고 남은 옷들은 상표를 떼어 집에서 팔고 있다는 것입니다. 문제는 옷이었습니다. 옷을 사면서 그 집에 들어가면 되는 일이었습니다.

다음 날 저는 영수 엄마와 권찰님 한 분을 모시고 정민이네 집에 갔습니다. 문을 열고 나온 정민이 엄마는 저를 보고 또 이렇게 말했습니다.

"아니, 이 아줌마는 왜 또 온 거예요?"

영수 엄마가 서둘러 대답합니다.

"이 아줌마 옷 사러 왔어요. 정민 엄마, 이 아줌마 참 좋은 아줌마야."

거기서 저는 옷을 두 벌 샀습니다. 순전히 전도를 위해서였지요. 그리고 옷 카탈로그를 하나 달라고 했습니다. 옷을 팔아주겠다고 하면서 말입니다.

그날부터 저는 숫제 옷장사로 나섰습니다. 발이 넓다보니 아는 사람도 많아서 일주일 만에 무려 30벌이나 팔았습니다. 그러자 정민이 엄마한테서 전화가 왔습니다. 내일 자기 집에 좀 들러달라는 것입니다. 저는 다음 날 정민이네 집에 갔습니다. 정민이 엄마는 제게 옷 한 벌을 주면서 많이 팔아준 감사의 대가라고 했습니다.

이때가 중요합니다. 그럴 때 그 옷을 덥석 받으면 절대 안 됩니다. 저는 지금도 전도대원들에게 봉사에 대한 사례는 절대 받지 말라고 강조하고 있습니다. 왜냐하면 그걸 받는 순간 전도의 길이 막힐 수 있기 때문입니다. 봉사나 사랑에 대한 대가를 그런 식으로 치르게 해버리면 더이상 상대방과 전도자 사이에 나눌 수 있는 게 남지 않습니다.

저는 극구 사양하며 그 옷을 받지 않았습니다. 대신 이렇게 말했습니다.

"정민이 엄마, 대신 한 가지 부탁이 있는데, 그 부탁 좀 들어줘요."

제 심중을 알아차린 정민 엄마 입에서 이 말이 나옵니다.

"교회 나가는 거요?"

"네!"

거절할 수가 없습니다. 마음의 빚을 탕감하는 셈치고 한번 정도 교회에 나가주자고 생각하기 때문이지요.

대적기도의 효험

드디어 정민이 엄마가 주일에 교회를 가게 되었습니다. 옷을 아주 말끔히 차려 입고, 화장도 곱게 하고 저를 기다리고 있습니다. 마치 절에 갈 때처럼 고운 모습이었습니다. 절에 다니는 분들에게 그 점만은 배워야겠다는 생각도 들었습니다. 옷차림이며 마음가짐이며 얼마나 정갈하게 준비하는지 모릅니다. 적어도 우리가 주일에 주님께 예배드리러 나올 때 그때는 몸도 마음도 그렇게 준비되어야 하지 않을까 하는 생각이 들었습니다.

교회를 처음 찾은 정민이 엄마는 예배를 드린 후 등록까지 했습니다. 할렐루야! 제 마음이 얼마나 기쁘던지 하나님께 감사기도를 드렸습니다. 기쁨이 마구 솟구쳤습니다.

그런데 그 다음 날로 일이 나고 말았습니다. 정민이 엄마한테 전화가 왔습니다.

"정민 엄마, 무슨 일이에요?"

"내가 교회를 가지 말았어야 했는데, 교회를 갔더니 큰 일이 생겼어요."

"아니, 왜요? 무슨 일인데요?"

그러자 정민 엄마는 교회를 다녀온 뒤 얘기를 소상히 하기 시작했습니다. 교회를 갔다 온 후부터 바로 무서움증이 생겨서 견딜 수가 없더라는 것입니다. 어둠의 역사였습니다. 저는 얼른 정민이네로 뛰어갔습니다. 걱정하지 말라고, 하나님의 평안이 정민이 엄마를 지켜줄 거라고 위로하며 3일 동안 작정기도를 하자고 했습니다. 그리고 이렇게 얘기해줬습니다.

"혹시 무서운 생각이 들거든 '나사렛 예수의 이름으로 명하노니 사탄아 물러갈지어다!' 라고 명하십시오."

그후 3일 동안 저는 그 집에서 함께 예배를 드리며 말씀을 선포했습니다. 또 따로 금식하며 기도도 계속했습니다. 정민이 엄마가 이 기회에 확실하게 하나님을 믿게 해주시고, 어둠의 역사를 거두어가달라고 기도드렸습니다.

3일 후, 정민이 엄마는 환한 얼굴로 제게 말했습니다.

"참 희한한 일 다 봤어요."

"무슨 일인데요?"

무서움증이 나면 온몸에 피가 거꾸로 솟구치는 것처럼 떨리고 오금이 저려왔는데, 문득 그 기도가 생각나서 "예수님의 이름으로 명하노니 사탄아 물러가라!"고 기도하기 시작했다는 것입니다. 그 대적기도를 몇 번 하고 나니 무서운 마음이 싹 가시더라고, 그 다음에는 자신도 모르는 새 십자가를 그리면서 담대하게 계속 선포하게 되더라는 것입니다.

"내가 나사렛 예수의 이름으로 명하노니 사탄아 물러가라!"

그러자 마치 뿌옇던 안개가 흩어지고 없어지는 것처럼 무서움과 두려움이 순식간에 사라지더라고 했습니다. 아마 이런 경험을 해보지 않은 분들은 잘 모르시리라 생각합니다. 그 두려움과 무서움이 변하여 세상이 알 수 없는 평안을 얻는다는 게 얼마나 귀한 일인지 모를 것입니다. 하지만 정민이 엄마는 이것을 분명하게 경험했습니다. 세상이 줄 수 없는 평안, 그 평안을 하나님만이 주실 수 있다는 사실을 경험한 것입니다.

그러니 신앙생활을 열심히 할 수밖에 없습니다. 그것이 복입니다. 정민 엄마는 처음부터 주일 낮예배, 저녁예배, 구역예배, 수요예배 빠지지 않고 드리며 주님의 은혜를 체험하는 신실한 신앙인이 되었습니다. 그리고 나중에는 전도왕이 되었습니다. 가감없이 주님의 복음을 확신 있게 증거하며 살아가고 있습니다. 모든 것은 주님께서 친히 행하신 일입니다.

사랑과 겸손으로
다가가라

우리가 이웃으로 살아간다는 것이 무엇인지 조금만 생각하고 주님의 사랑을 실천
한다면 오늘날 복음전도의 효과는 더욱 클 것입니다. 전도하되 사랑과 겸손으로
다가가는 것, 그것만큼 중요한 것도 없다는 뜻입니다.

자폐아에게 한글을 가르치며

아파트 전도와 관련된 이웃 전도에 대해 실례 한 가지를 소개할까
합니다. 제가 3층 단독주택에 살고 있을 때의 일입니다. 어느 날 1층
에 누군가 이사를 왔습니다. 전도할 수 있는 절호의 기회였지요.

그 집에 가보니 딸 둘에 아들이 하나 있는데, 이 아들이 자폐아였습
니다. 이름은 천창현(가명), 나이는 스무 살이지만 자폐라는 장애 때
문인지 아직 자기 이름도 쓸 줄 몰랐습니다. 창현이 아버지 어머니는
아들아이가 자기 이름 쓰는 것 보는 게 소원이라고 말했습니다. 순간
제가 전도하려는 욕심에 겁도 없이 이렇게 선포하고 말았습니다.

"창현이 아빠, 그럼 제가 창현이가 자기 이름 쓰게 해드릴까요?"

창현이 아빠는 눈이 휘둥그레졌습니다.

"아휴, 지가 이제까지 학교도 별별 데를 다 보내봤는데 그래도 안
되부렀어요. 그게 될까요?"

"제가 한번 해볼게요."

그때부터 저와 창현이의 씨름이 시작되었습니다. 기도하며 'ㄱ'부터 가르치기 시작했습니다. 'ㄱ' 한 자를 외우고 쓰는 데 수일이 걸렸습니다. 저는 창현이에게 자음 한 자를 가르치면서 이 자폐라는 장애가 얼마나 심각한 것인지 얼마나 감당하기 힘겨운 건지 조금은 알게 되었습니다. 하루에 꼬박 2시간씩 가르쳐봐도 다음 날이면 엉뚱한 걸 그려놓기 일쑤였습니다. 그래도 포기하지 않았습니다. 15일 동안 'ㄱ'을 가르쳤고 그 결과 드디어 'ㄱ'을 떼었습니다.

그러고 나자 'ㄴ'을 가르치는 데는 시간이 약간 단축되었습니다. 'ㄷ'은 좀더 빨라졌습니다. 그런데 아이 이름이 천창현입니다. 그러니 얼마나 오랜 시간이 걸렸겠습니까? 아무리 '천창현'이라고 읽고 쓰고 가르쳐놓아도 이상한 그림만 쭉쭉 그려놓았습니다.

결국 석달 만에 창현이는 자기 이름 비슷하게 '천창현'이라고 쓰게 되었습니다. 그러자 엄마 아빠 모두 얼마나 기뻐하던지, 그 얼굴에 함박꽃이 피었습니다. 기뻐하는 부모님에게 저는 이렇게 말했습니다.

"창현이 부모님, 이제 교회에 나갑시다."

"아, 나간당께요."

정말 눈물나게 감사했습니다. 석달 만에 창현이네 식구 다섯 명을 전도하게 된 것입니다.

그 주에 창현이네 식구들은 모두 교회에 나와 등록했습니다. 그리고 다음 주에도 창현이네는 온 식구가 교회에 나와 예배를 드렸습니다.

능력받지 않으면 전도 못한다

창현이네가 교회에 다니기 시작한 지 2주 정도 지날 무렵이었습니다. 마침 부활주일을 앞둔 성 금요일이라 저는 금식기도를 하고 있었습니다. 아침 7시가 막 지났는데 창현이 아빠가 저를 찾아 헐레벌떡 달려왔습니다.

"집사님, 큰일 나부렀어요."

얘기를 들어보니 창현이 엄마가 이상해졌다는 것입니다. 어디가 이상하냐고 했더니 창현이 아빠는 "몰라요, 그냥 이상해요"라는 말만 되풀이합니다. 창현이 아빠와 함께 집으로 가봤습니다.

집에 들어서자마자 그 엄마를 딱 보니 한눈에 귀신이 들렸다는 걸 알 수 있었습니다. 창현이 엄마는 저를 보더니 눈을 마주치지 못하고 "무섭다"고 했고, 창현이 아빠에게 잡아먹을 듯한 기세로 덤볐습니다. 저는 창현이 아빠에게 얼른 성경책을 펴라고 했습니다. 아직 믿음이 연약한 창현이 아빠에게 말씀을 읽도록 하기 위해서였습니다. 그러자 창현이 엄마는 곧 창현이 아빠도 무서워하기 시작했습니다. "으~무섭다"라고 말하며 연신 고개를 돌려버립니다.

저는 창현이 엄마의 등 위에 올라탔습니다. 그리고 2시간 동안 싸움을 했습니다. 힘이 얼마나 센지 온몸에서 진액이 다 빠지는 것 같았습니다. 저는 창현 엄마의 눈을 보며 명했습니다.

"내가 예수 이름으로 명하노니 사탄아 물러가라!"

그러면 "안 물러간다!"고 응해왔습니다. 그런 싸움을 2시간 동안 하고 있자니 온 동네가 떠들썩해졌습니다. 나중에는 저도 너무나 힘에 부쳤습니다. 저는 창현이 아빠에게 빨리 교회에 가서 목사님을 모셔오라고 했습니다.

사람을 낚는 아줌마 어부는 때와 장소를 가리지 않는다.   2001 Copyright ⓒ kyujang

　얼마 후 창현이 아빠는 부목사님과 장로님을 모셔왔습니다. 그 분들을 보니 저는 당장에 힘이 났습니다. 순식간에 그곳에서 부흥회가 벌어졌습니다. 방언으로 기도하고 찬양하는 가운데 성령이 뜨겁게 역사하고 계시다는 것을 느낄 수 있었습니다. 그 순간, 바로 지금 대적기도를 하면 귀신이 물러가리라는 생각이 들었습니다. 그래서 그 얼굴을 붙들고 "너 따라해!"라고 명령했습니다. 그러자 "안 따라한다!"며 대적해왔습니다.

　"안 해?"

　저는 다시 협박조로 강하게 응수했습니다.

　"할게 할게."

　"예수님의 이름으로 명하노니."

　"예수님의 이름으로 명하노니."

　여기까지는 잘 따라했습니다. 그 다음이 문제였습니다.

"사탄아 물러가라!"

"안 나간다!"

기세등등한 대답이었습니다. 우리는 다시 찬양하고 기도했습니다. 얼마 후 이번에는 다시 목사님께서 붙들고 명했습니다.

"너 따라해!"

"할게."

"예수님의 이름으로 명하노니."

"예수님의 이름으로 명하노니."

"사탄아 나와라!"

그러자 이번에는 대답이 달랐습니다.

"그래, 나간다."

그러더니 귀신이 싹 나가버렸습니다. 그때 저는 집사보다 목사가 세다는 걸 확실히 알았습니다. 그때의 충격으로 저는 물불 안 가리고 기도하게 되었습니다. 능력받지 않으면 전도하기 어렵다는 것을 절실히 깨달았기 때문입니다.

교회 안 나가면 죽겠구나!

그후 저는 창현이 아빠에게 집안 내력에 대해 물었습니다. 그렇게 해서 듣게 된 창현이네 집안 내력은 기가 막혔습니다. 선산을 잘못 건드렸다고 했습니다. 그후부터 친척들이 하나하나 죽어나가는데 도합 일곱이 죽었다고 합니다. 그중에는 대학생이던 창현이 형도 끼어 있었다고 합니다. 그런 일들이 계속되자 창현이 아빠는 더 이상 영광에서 살기 싫어졌고 서울로 올라오게 되었던 것이지요.

이번에는 창현이 엄마에게 물었습니다. 그러자 창현이 엄마도 지난 며칠 새 있었던 일을 담담히 털어놓기 시작했습니다. 선산 문제가 생긴 뒤부터 몸이 아프기 시작했는데 2주 전 교회에 나가면서부터 꿈을 꿨다고 합니다. 꿈속에서 누군가 나타나 이렇게 말하더랍니다.

"너, 교회 나가면 안 돼. 너 왜 교회 나가냐? 네가 교회 나가면 내가 살 곳이 없어."

그러자 창현이 엄마는 꿈속에서조차 '내가 교회에 안 나가면 죽겠구나'라는 생각이 들어서 "그래도 난 교회에 나갈 거야"라고 대답했다고 합니다. 그랬더니 새벽에 깨어보니 자기도 모르는 사이에 귀신에 들려 있더라는 것입니다.

그 사건은 온 동네를 발칵 뒤집어놓았습니다. 2시간 부흥회를 하는 동안 동네 사람들이 구경하러 죄다 몰려나왔습니다. 제 목소리가 무척 큰 편입니다. 그런 제가 있는 힘껏 부르짖다보니 윗집, 옆집, 그 옆집의 옆집까지 무슨 일이 있나 싶어 몰려나왔고 귀신 들린 여자와 기도하고 찬송하는 목사, 장로, 집사를 보면서 다들 어떻게 일이 진행되는지 벌벌 떨며 지켜봤다고 합니다. 그런데 예수 이름으로 별안간 귀신을 싹 물리치자 모인 사람들 마음속에 두려움이 생겨났나봅니다. 예수 안 믿었다가는 언제 누가 저런 일을 당할지 모른다는 생각이 들었던 모양입니다. 그날로 동시에 다섯 집이 우르르 교회에 등록했습니다.

이 사건을 강 건너 불구경 하듯 대수롭지 않게 생각하는 분들이 계실지 모릅니다. 하지만 사실 우상숭배가 만연한 우리나라에서는 아직도 도처에서 이런 일들이 일어납니다. 가까이는 과천교회 전도대원들의 간증만 들어봐도 이 사실을 알 수 있습니다. 또 예수 이름으로 귀신을 내쫓는 일은 특정한 사람만이 할 수 있는 일도 아닙니다. 주님을

믿고, 나사렛 예수의 이름으로 기도하기만 하면 이런 일들은 예사로
일어날 수 있는 일들입니다.

자세를 더욱 낮추었더니

창현이네를 전도한 사례를 얘기하면 대부분의 사람들이 귀신 쫓아
낸 사건만 기억합니다. 그러나 귀신 쫓은 사건 이상으로 중요한 것이
있습니다. 바로 그 영혼을 향한 사랑의 마음입니다. 어떻게든 그 영혼
을 돕겠다는 마음, 주님의 사랑으로 다가가겠다는 마음이 있을 때 성
령께서 힘껏 역사하시는 것입니다.

그러나 많은 전도자들은 종종 이 사실을 잊어버립니다. 무조건 복음
을 전하고, 무조건 예수 믿으라고 말합니다. 물론 그런 방법이 전적으
로 잘못되었다는 것은 아닙니다. 때로는 원색적인 복음 제시를 통해 성
령께서 역사하시고, 주님을 영접케 하십니다. 하지만 우리가 이웃으로
살아간다는 것, 그리스도인으로 살아간다는 것이 무엇인지 조금만 생
각하고 주님의 사랑을 실천한다면 오늘날 복음전도의 효과는 더욱 클
뿐 아니라 믿는 이들에 대한 칭송의 소리도 그만큼 높을 것입니다. 동
시에 그 모습은 하나님께 영광이 되리라 생각합니다. 전도하되 사랑과
겸손으로 다가가는 것, 그것만큼 중요한 것도 없다는 뜻입니다.

언젠가 저는 이런 이웃을 만난 적이 있습니다. 이사를 왔다고 해서
전도하러 그 집에 들렀는데 여러 모로 부족함이 없는 주인댁이 약간
은 교만한 태도로 저를 대했습니다. 복음을 전할 때 흔히 만나는 핍박
의 자세가 아닌, 교만한 자세의 이웃을 만나게 되는 경우가 있다는 말
입니다. 하지만 감사하게도 성령께서 제 마음을 다스려주셨습니다.

저는 그 분에게 겸손하게 다가갈 수 있었습니다.

유미(가명) 엄마는 모 무역회사의 경리과장이었습니다. 일처리가 깔끔하고 야무진 덕에 재택근무 3일에 나머지 3일만 출근하는 직장 여성이었지요. 저는 일단 막 이사를 온 이웃에게 무슨 도움을 줄 수 있을까 하고 주위를 둘러보았습니다. 그런데 그 집에는 어린아이가 있었습니다. 직장에 나간다는 말에 "당장 아기 봐줄 사람이 없을 테니 제가 아이를 봐드릴까요?"라고 물었습니다. 그러자 유미 엄마가 저를 위아래로 훑어보더니 "그럼, 내일 내가 일 나가 있는 동안 아이 좀 봐줄래요?"라고 되묻는 것이었습니다. 저는 그러겠다고 선뜻 대답했습니다. 이웃을 대접한다는 뜻에서 흔쾌히 돕겠다고 나선 것이었습니다.

하지만 저는 유미 엄마의 시선에서 다른 것을 느꼈습니다. 그것은 마치 돈을 주고 사람을 부리는 듯한 거만한 태도였습니다. 저는 상관하지 않았습니다. 그 일을 통해 주님께서 그 분 마음에 복음이 들어가도록 인도하시기만을 기도했습니다.

허리가 끊어질 듯한 수고

다음 날, 새벽기도를 다녀온 뒤 아이들이 등교하고 남편이 출근하자마자 저는 부리나케 그 집으로 갔습니다. 그 집 아이는 유미와 유미의 동생 유진이란 아이인데 유진이가 어찌나 울어대는지, 하루 종일 아이를 업고 지내야 했습니다. 낯이 설어서 그런가, 무엇이 못 마땅한지 등에서 내려놓기만 하면 울었습니다. 아침 9시부터 저녁 7시까지 꼬박 하루를 그렇게 온 종일 업고 지내야 했습니다. 집안일도 많이 쌓여 있었습니다. 빨래며 청소는 전도대원들에게 도움을 요청하여 했습니다. 점심은 겨우 자장면을 시켜먹어야 할 정도로 아이는 제 등에서 떨어지지 않았습니다.

저녁 6시쯤 되자 유미 엄마한테서 전화가 왔습니다.

"미안해서 어떡하죠?"

저는 도리어 상냥하게 대답했습니다.

"아니예요. 괜찮아요. 천천히 오세요."

저는 기왕 봉사하는 거, 생색내지 말고 끝까지 잘 감당하게 해달라고 주님께 기도드렸습니다. 저녁 7시가 되었습니다. 드디어 유미 엄마가 돌아왔습니다. 저는 허리가 끊어질 듯 아팠지만 전혀 내색하지 않고 반갑게 유미 엄마를 맞았습니다. 유미 엄마는 저에게 "수고했어요"라고 말했습니다. 그 말투는 마치 '네가 수고한 만큼 돈 주면 되는 거지?' 하는 뜻이 담겨 있는 것 같았습니다. 미안하다거나 고마워하는 마음은 없었습니다. 하지만 저는 돌아가며 물었습니다.

"저, 내일은 몇 시까지 올까요?"

"아, 내일은 우리 유미 전학을 시켜야 되니까, 아침 9시까지 와주세요."

"네, 알겠습니다. 안녕히 계세요."

제 걸음은 곧장 예배당을 향했습니다. 금방이라도 쓰러져서 자고 싶었습니다. 그러나 기도는 한시가 더 급했습니다. 예배당에 올라가서 무릎을 꿇으니 자꾸 눈물이 쏟아졌습니다.

"하나님, 유미 엄마가 하나님 만나서 이 교만이 꺾이게 해주세요."

기도를 드리는데 참으로 감사했습니다. 그토록 교만했던 제가 교만한 유미 엄마를 놓고 기도할 수 있다는 것, 유미 엄마를 품고 사랑할 수 있다는 게 참 감사했습니다.

그 교만이 한풀 꺾이니…

다음 날 9시, 다시 유미네로 갔습니다. 학교 갈 준비를 하느라 부산한 유미 엄마를 보자 문득 어느 학교로 아이를 전학시킬지 궁금해졌습니다. 그래서 아이를 어느 학교로 전학시키느냐고 물었습니다. 그러자 본동초등학교로 전학시킬 거라고 했습니다. 굳이 저를 자랑하고 싶은 마음은 없었지만 그 교만이 좀 꺾여야 예수님도 들어가시겠다싶은 생각이 들어서 저는 이렇게 말했습니다.

"네? 본동초등학교요? 그러면 혹시 학교에 가서 전학수속 밟으시다가 어려운 일이 생기면 제 얘기를 하세요."

"아니 왜요?"

"그냥 선영이 엄마랑 이웃이라고 하면 혹시 어떨까 싶어서요."

말꼬리를 흐리는 저를 보면서 이상하다는 듯 고개를 갸웃거리던 유미 엄마는 서둘러 학교로 갔습니다.

오후 3시쯤 되었을 때였습니다. 유진이를 보느라 땀을 뻘뻘 흘리고 있는데 초인종 소리가 났습니다.

"누구세요?"

"저예요. 유미 엄마."

벌써 목소리부터 달라져 있었습니다. 지시하고 명령을 내리던 목소리가 아니라 친절하고 상냥한 목소리였습니다. 문을 열자 유미 엄마는 황송한 표정으로 제게 말했습니다. 몰라 봬서 너무너무 죄송하다고, 선영이 엄마가 전교 어린이회장 엄마인 줄 몰랐다고 하는 것입니다. 아마도 유미 엄마 눈에는 전도하고 애기 봐주는 제 모습이 하찮게 보였나봅니다. 당장 외적으로 보이는 모습을 보고 저를 평가하다보니 전교회장의 엄마라는 조건을 보고 또 지나치게 높여 보게 되었던 것입니다.

어찌 됐든 저로서는 일단 유미 엄마의 교만이 꺾였다는 게 다행이었습니다. 코가 땅에 닿도록 죄송하다고 그러는 유미 엄마를 보면서 갑자기 사랑의 마음이 밀려왔습니다.

"괜찮아요, 유미 엄마. 저는 주님 안에서 이미 그런 거 버린 지 오래예요."

유미 엄마는 급히 방에 들어가서 하얀 봉투 하나를 가지고 나왔습니다. 아이를 봐준 것에 대한 사례금이었습니다. 저는 그 봉투를 뿌리치며 말했습니다.

"저는 이 돈 필요 없어요. 유미 엄마, 대신 제 부탁 한 가지만 들어주세요."

그러자 유미 엄마도 감을 잡았는지 먼저 말을 꺼내놓았습니다.

"집사님, 사실 저도 한때는 청년부 부회장까지 했던 사람이에요. 제 어머니는 권사님이시고요."

알고 보니 이 분은 믿지 않는 남편과 결혼한 뒤 신앙생활을 접은 분이었습니다.

"하지만 이제부터 다시 신앙생활을 시작하겠어요. 예수님을 믿을 거예요."

제가 뭐라고 말하기도 전에 유미 엄마는 스스로 결단하고 고백했습니다. 그리고 그 말대로 새롭게 신앙생활을 하기 시작했습니다. 복음을 접한 후 그 분의 변화는 뭐라고 표현할 수 없을 정도로 놀라웠습니다. 옛날 제가 노량진교회로 돌아왔을 때 그 변화를 보고 목사님들마다 주님이 하시는 일은 정말 놀랍다고 했던 것처럼, 유미 엄마의 변화는 곧 하나님께 영광이 되었습니다. 겸손하게 달라진 유미 엄마의 모습을 보면 저절로 감탄사가 나왔습니다. 하나님은 정말 인간이 할 수 없는 일들을 하는 분이심에 틀림없습니다.

이사 올 때 전도하라

아파트 전도는 참 신기한 힘을 가지고 있는 것 같습니다. 누군가를 전도하면 그것이 꼬리에 꼬리를 물고 이어지니 말입니다. 전도해놓은 새신자가 다시 전도를 하기도 하고, 새신자가 알려준 정보 덕에 쉽게 다른 이웃을 전도할 수 있게 됩니다. 또 누가 이사 오는지 금방 눈에 띄기 때문에 전도하기에 적절한 시기를 포착하는 일도 참 쉬운 편입니다.

이사란 여러 모로 전도하기 쉬운 시기입니다. 일단 새로운 환경에 적응하기 위해 누군가의 도움이 필요한 시기입니다. 또 사람마다 이사를 할 때는 새로운 각오와 마음을 다지게 됩니다. 그래서 새로 이사 온 이웃에게 복음을 전하면 어느 때보다 교회 나가겠다고 응하는 확률이 높습니다.

412호 할머니 역시 이사를 즈음해서 전도한 영혼입니다. 그날도 저는 누군가 이사 온다는 정보를 듣고 얼른 음료수를 준비하여 들고 올라갔습니다. 거기에는 칠순이 좀 안 되어 보이는 지긋하신 어른이 짐을 나르고 계셨습니다. 저는 싹싹하게 말을 붙였습니다.

"할머니, 저는 노량진교회의 김 집산데요, 이삿짐 좀 날라드릴까요?"

혼자 짐을 정리하다가 저희를 본 할머니는 제 말을 반가워하셨습니다.

"미안해서…."

"아니, 괜찮아요. 저희가 정리해드릴게요."

저는 함께 간 권찰님과 함께 열심히 짐을 정리했습니다. 사진 속의 손주 이름도 물었습니다. 짐을 정리하면서 우리는 할머니께 슬슬 복음을 전하기 시작했습니다.

"할머니, 교회에 나가보신 적 있으세요?"

그러자 할머니는 그 말에 질색을 하십니다.

"나는 교회하고는 안 맞아."

이유를 묻자 할머니는 손을 내저으며 대답하셨습니다.

"아휴, 나도 누구 따라서 교회 몇 번 나가봤지. 근데 교회만 가면 졸려. 그래서 안 나갔어. 재미없어서."

"아, 네 그러세요?"

권찰님과 저는 할머니의 얘기를 그냥 들어드렸습니다. 일단 오늘은 이삿짐을 정리하는 게 급선무라고 생각했기 때문에 그 일에 충실했습니다. 정리가 모두 끝나자 우리는 다음 날 다시 놀러오겠다고 하고 자리에서 일어나 교회로 갔습니다. 우리는 할머니의 이름을 부르며 간절히 기도했습니다.

초인종 소리 때문에

다음 날, 새벽기도를 다녀와서 남편 출근시키고 아이들 학교 보내고 청소를 끝낸 뒤 저는 다시 전도 현장으로 출근했습니다. 여기저기 전도를 하러 다니다가 3시쯤 되어서 세제를 하나 사들고 할머니 댁으로 올라갔습니다.

"딩동!"

초인종소리를 듣고 나오신 할머니는 "누구야?"라고 신경질적으로 대꾸하셨습니다. 얼굴 표정도 잔뜩 화가 나 있었습니다. 저는 깜짝 놀라 할머니께 왜 그러시냐고 여쭈어보았습니다. 할머니는 대뜸 "교회 다니는 것들 꼴도 보기 싫다"고 하시며 저를 외면해버리시는 것이었습니다. 더 자세히 이유를 여쭤보니 할머니는 오늘 아침에 있었던 일을 소상히 말씀해주셨습니다.

"아 내가 이사 하느라 피곤해서 잠 좀 자려고 했거든. 내가 혈압이 좀 높아. 그런데 눈 좀 붙이려고 하면 초인종을 눌러대는 통에 잠을 못 잤어. 누구냐고 하고 나가보면 죄다 무슨무슨 교회에서 나왔다고 그러잖아. 그것도 얼마나 많이 오는지, 나중에는 내가 너무 화가 나서 세어봤어. 그랬더니 김 집사가 13번째야. 그러니 화가 나겠어, 안 나겠어?"

교패의 효과

그 말씀을 듣자 저도 무슨 말을 해야 할지 선뜻 대답이 생각나지 않았습니다. 저는 속으로 급히 기도를 드렸습니다.

'하나님, 어떡하죠? 이 할머니에게 무슨 말을 해야 하죠?'

그때 성령께서 저에게 즉각적인 지혜를 주셨습니다. 옳다구나 싶어 곧바로 할머니께 말씀드렸습니다.

"할머니, 그러면 다른 교회에서 할머니 집에 못 오게 하는 방법이 있어요."

할머니의 눈이 갑자기 빛났습니다.

"어, 그런 게 있어?"

저는 노량진교회 교패를 꺼내 보였습니다.

"할머니, 이 교패를 현관에 딱 붙이면 다른 교회에서 얼씬도 안 해요. 붙여드릴까요?"

순간 할머니는 반가웠는지 그렇게 하라고 하셨습니다. 제가 교패를 갖고 일어서는데 할머니가 "잠깐!" 하시더니 저를 붙드셨습니다.

"그 교패 붙이면 나 교회 나가야 되는 거 아냐?"

"할머니, 이건요, 나중에 떼도 돼요. 지금 그게 문제예요? 주무시는 게 문제지."

"맞아, 맞아. 그래 갖다 붙여."

저는 얼른 노량진교회 교패를 대문에 갖다 붙였습니다. 그리고 간절히 기도를 드렸습니다.

"하나님, 이 교패가 영원히 이 가정에서 떨어지지 않도록 해주십시오."

속으로 기도를 드린 다음 할머니께 인사하고 집을 나왔습니다.

"할머니, 저 내일 다시 놀러올 테니 한번 시험해보세요. 다른 교회에서 오나 안 오나요?"

다음 날 오후, 저는 그 집에 가서 다시 초인종을 눌렀습니다.

"딩동!"

"누구세요?"

그새 누구냐고 묻는 할머니 목소리가 달라져 있었습니다. 기대감이 생겼습니다.

"할머니, 김 집산데요."

할머니는 문을 열자마자 저를 반기며 이렇게 말씀하셨습니다.

"거참, 신기하기도 해라."

할머니는 어제 교패를 붙인 뒤로는 한 교회도 찾아오지 않더라고 하십니다. 그런데 한 가지 고민이 생겼다고, 어떡하면 좋으냐고 물으셨습니다.

"내가 교패를 붙였는데 그 교회에 안 나가면 벌 받을 거 같아. 어떡하지?"

저는 바로 그때 복음을 제시했습니다.

"할머니, 옛날에는 교회 가면 조셨다고 하셨죠. 하지만 지금은 제가 옆에서 기도해드릴게요. 그러면 안 졸리실 거예요. 그리고 하나님, 예수님이 어떤 분인지 아세요?"

그러면서 예수님에 대해 소개해드렸습니다.

"할머니, 솔직히 말해서 이제는 지금까지 살아오신 날보다 앞으로 살아가실 날이 더 적잖아요. 이제는 서서히 세상 떠날 준비도 하셔야 돼요. 그러니 예수님 품에 안기실 그날을 준비하셔야 하잖아요."

"맞아, 맞아."

할머니는 마음문이 열렸습니다. 앞으로 남은 날을 예수님을 모시고 살아가게 된 것입니다.

희생하고
인내하라

우리가 그리스도인답게 살아간다는 게 무엇입니까? 그건 바로 나를 전적으로 희생

해서 하나님께서 나로 말미암아 주변의 죽어가는 영혼들을 살리실 수 있도록 우리

자신을 도구로 내어드리는 것입니다. 희생 없이, 인내 없이는 영혼들을 세울 수 없

습니다.

밥퍼 사모님

얼마 전 저는 여러 집사님들과 함께 수원의 한벗교회를 다녀왔습니다. 그 교회는 참으로 특별한 사역을 감당하는 교회였습니다. 그 사역이란 수원역 노숙자들을 대상으로 밥을 퍼주는 일이었습니다. 직접 그 사역 현장에 가보니 이 일이 얼마나 많은 수고와 사랑과 인내를 필요로 하는 일인지 몸소 느낄 수 있었습니다.

매일 아침 6시 40분이면 수원 역으로 밥이 날라집니다. 보통 부지런하지 않고서는 감당할 수 없는 일이지요. 더욱이 놀라운 것은 이 일을 젊은 사모님이, 그것도 너무나 가냘픈 사모님 홀로 감당하고 있었다는 사실입니다. 바람 불면 날아갈 듯한 조그마한 체구에서 어떻게 그런 큰 사랑이 나올 수 있을까 싶은 마음이 들었습니다. 새벽 4시면 어김없이 일어나 새벽기도를 드리고 곧바로 80명분의 밥을 지어 트럭에 국과 김치를 싣고 수원역으로 나르는 일들을 반복하는 일상…. 얄

꽉한 감상주의나 동정심으로는 감당할 수 없는 어마어마한 사랑의 사역이었습니다. 보통의 사랑과 인내로는 할 수 없는 귀한 사역이었습니다. 말하자면 그 분은 춥고 배고픈 영혼들에게 따뜻한 밥 한 그릇을 손수 퍼줌으로써 예수님의 사랑을 전하고 있는 셈이었습니다.

그 분을 만나자 저는 제 삶이 참으로 부끄럽고 작게 느껴졌습니다. '저리 큰 사랑을 품은 거인이 여기 있었구나' 싶었습니다. 가지고 간 쌀을 건네며 어떻게 이 사역을 감당하느냐고 묻자 요즘은 쌀을 보내주던 손길이 많이 끊어져서 일이 매우 어렵게 되었다고 말씀하십니다.

작은 교회에서 묵묵히, 이름도 빛도 없이 사역하고 계신 목사님과 사모님을 보고 저는 저절로 하나님 앞에 기도가 나왔습니다. 그리고 하나님을 찬양하게 되었습니다.

"하나님은 정말 위대한 분이십니다. 성령의 역사가 아니고서야 어찌 이런 일들이 가능하겠습니까?"

전도자의 마음

아무리 주님의 일을 열심히 한다고 해도 주님께서 우리에게 허락하신 은혜에 비하면 우리가 하는 일은 너무나 보잘것없는 일이라는 생각도 들었습니다. 또 우리 주위에는 소리 없이 소금과 빛의 역할을 감당하는 분들이 너무나 많다는 것도 새삼 깨달았습니다. 하나님나라가 확장되는 것은 바로 그런 분들의 사랑과 봉사와 섬김 때문입니다. 오직 한 가지, 하나님의 사랑을 전하기 위해 새벽부터 일어나 음식을 장만하고 더운 밥을 퍼줄 수 있는 마음, 그 마음은 하나님께서 주신 마음이었습니다.

그 하나님의 마음을 품는 것, 그것이 바로 전도자의 마음입니다. "예수 믿으세요"라고 말하지 않아도, 마음 가득 예수님의 사랑을 품고, 예수 그리스도의 긍휼히 여기는 눈빛과 겸손한 태도로 밥을 퍼주는 것, 그것이 바로 전도라고 생각합니다.

그 뒤로 저는 우리 전도팀, 그리고 맡은 교구의 영혼들에게 이런 말을 하고 있습니다.

"우리가 그리스도인답게 살아간다는 게 무엇입니까? 그건 바로 나를 전적으로 희생해서 하나님께서 나로 말미암아 주변의 죽어가는 영혼들을 살리실 수 있도록 우리 자신을 도구로 내어드리는 것입니다. 나로 인해 내 주위에 있는 힘들어하는 영혼, 지친 영혼들에게 그리스도의 사랑이 전달될 때. 그리하여 그 영혼들이 세워지는 역사가 나타날 때 하나님께서 영광을 받으시는 것입니다."

정말 그렇습니다. 희생 없이, 인내 없이는 영혼들을 세울 수 없습니다. 부끄러운 고백입니다만, 저 역시 여기저기 뛰어다니다보면 때론 지치고 힘들 때가 있습니다. 운전을 하다가도 문득문득 이런 고백이 나올 때가 있습니다.

"하나님, 저 이대로 천국 갔으면 좋겠습니다."

그만큼 많이 힘들 때도 있다는 말입니다. 그러나 그때마다 주님께서는 이렇게 위로해주십니다.

"아니다. 너의 그 수고로 많은 사람들이 새 힘을 얻고 있다."

그 주님의 음성이 들려올 때마다 얼마나 많은 위로를 받는지 모릅니다. 또한 그런 희생과 인내 뒤에는 말로 다할 수 없는 주님의 축복이 임한다는 것을 느끼며 살아갑니다. 주님께서는 우리에게 희생만 강요하시지는 않는다는 사실입니다.

밥 한 그릇에 담긴 예수님의 사랑.　　　　　　　　　　　　　　

생각 든 아줌마 검객(?)과의 일전

　수원역의 사모님처럼, 우리가 전도자로 살아간다는 것은 내 생애 전체를 오직 주님을 위해 내어놓는다는 의미입니다. 주님의 영광 외에는 다른 어떤 것에도 삶의 의미를 두지 않고 달려가는 것, 심지어는 내 목숨까지도 헛된 것으로 여기고 달려가는 것, 나의 중심에 그런 마음이 있을 때 우리는 장차 다가올 영광을 기대하며 기다릴 수 있습니다.

　전도 현장에 서보면 별별 일을 다 겪습니다. 그곳은 영적인 싸움이 치열하게 벌어지는 그야말로 영적 전투의 현장이기 때문입니다. 따라서 그 전투에서 이기려면 때로는 순교까지 각오해야 합니다.

　저도 한번은 그런 위협을 당한 적이 있습니다. 부인이 정신이상자가 되어 가정이 깨어지기 일보직전이라는 전화 연락을 받았습니다. 저는 전도대원들과 함께 그 집에 심방을 갔습니다. 예수 그리스도의 복음을 전하고, 남편이라도 먼저 예수 믿는 생활을 시작하라고 권했습니다. 다행히 남편 마음에 감동이 임해서 교회에 나오기 시작했습니다. 그런 가정일수록 자주 심방을 해야 하기 때문에 저는 전도대원들과 함께 매일 그 집을 방문하여 기도했습니다.

그날도 저는 전도팀들과 함께 그 집으로 갔습니다. 그런데 정신이상이 된 부인이 제가 오는 것을 알고 부엌에서 식칼 두 개를 미리 가슴에 품고 기다리고 있었습니다. 그 집에 들어서려는 순간, 제 옆구리로 바로 칼을 들이댔습니다.

"널 죽이겠다."

부인의 눈을 쳐다보니 이미 동공에 초점이 풀려 있었습니다. 그날은 마침 몹시 추워서 두꺼운 잠바를 입고 있었습니다. 아마 여름 같았으면 이미 살을 뱄을 것입니다. 순간 저는 죽을지도 모른다는 생각이 들었고, 얼른 주님의 이름을 마음속으로 불렀습니다.

'주님, 힘을 주세요. 도와주세요.'

그리고 그 부인을 쳐다보며 말했습니다.

"너, 이거 빨리 치워."

그러자 부인은 다시 남편에게 그 칼을 들이댑니다. 저는 얼른 명했습니다.

"너, 그 칼 빨리 치워."

성령께서 도와주고 계셨습니다. 완전히 정신이 나가버린 그 부인이 제 말에 칼을 조용히 거두는 것이었습니다. 그 순간 저는 사도들의 순교를 잠시 생각했습니다. '아, 순교라는 것이 이런 것일 수도 있겠구나' 싶었습니다.

이런 위협과 핍박은 지금도 전도 현장에서 많이 일어나고 있습니다. 전도대원들 모두 이런 일들을 겪고 있습니다. 한번은 전도하러 나가기 전에 전도대원들과 함께 찬양을 하다가 깜짝 놀랐습니다. 전도대원 한 분의 눈이 시퍼렇다 못해 검푸르게 멍이 들어 있는 게 아닙니까. 이유를 물었더니 전도하러 나갔다가 문을 안 열어줘서 한번 더 두드렸는데, 화가 난 주인이 현관문을 확 밀어젖히는 바람에 문에 부딪쳐서 눈에 피멍이 들었다는 것입니다.

그런 일을 당했으면 그걸 핑계로 마음에 시험이 든다거나, 눈에 멍이 가시기까지 전도하러 안 다닐 수도 있는 일입니다. 하지만 그 분은 눈 주위에 파운데이션을 덕지덕지 바르고 다시 전도하러 나왔습니다. 아무리 화장을 짙게 해도 시퍼렇게 든 멍 자국은 가려지지 않았습니다. 그 몸으로 전도하러 나온 모습을 보는 순간, 저는 목이 메었습니다. 그 분이 다시 전도 현장을 찾아나가는 이유를 생각하니 마음에 은혜가 차올랐습니다. 그리고 이 일을 통해 또 다시 세워질 영혼들을 생각하면서 가슴이 벅찼습니다.

전도자로 살아가는 복

서로에 대한 관심과 사랑이 희미해져만 가는 현대사회일수록 관계전도의 필요성은 더욱 강조되고 있습니다. 단순히 교회 전단지만 돌리고 복음의 씨앗을 뿌렸다고 하기에는 현대사회가 너무나 각박하고 이해관계가 첨예하게 대립되어 있습니다. 하루에도 수십 장씩 아파트 현관 안으로 날아드는 각종 광고 전단지 속에 파묻힌 교회 전단지는 이미 오래 전에 그 역할을 상실하지 않았나 하는 생각이 들 정도입니다.

복음의 씨앗이 뿌려졌다는 것은 한 영혼이 복음의 소식을 접했다는 것을 의미합니다. 하지만 교회 전단지만으로 그 소식을 접하기란 사실 참 어렵습니다. 많은 가정에서 교회 전단지를 마치 광고지처럼 취급하여 받는 즉시 쓰레기통에 구겨 넣기 일쑤이기 때문입니다.

그렇다고 전단지를 돌리는 우리의 수고가 헛된 일이라는 것은 아닙니다. 특별히 당부하고 싶은 것은 전단지를 돌리는 것으로 끝내버릴 게 아니라 반드시 지속적인 '관계전도'를 맺으라는 말입니다. 사람의 마음을 잘 들여다보십시오. 어쩌면 인심이 각박해질수록 사실은 사람들 모두 따뜻한 사랑을 원하고 있습니다. 다시 말해 사회가 점점 황폐해지고 정이 메말라간다는 것은 곧 그 사회가 따뜻한 사랑을 가진 사람들을 더욱 필요로 한다는 증거이기도 하다는 뜻입니다.

우리는 우리 속에 그리스도의 사랑을 간직한 사람들입니다. 우리 자신의 힘만으로는 이웃에게 지속적으로 사랑을 나누어줄 힘도, 능력도 없는 자들이지만 늘 새롭게 부어주시고 채워주시는 주님의 사랑이 있기에 그 사랑을 능히 나눌 수 있는 자들입니다. 우리는 이런 사랑으로 이웃에게 다가가야 합니다. 주님의 사랑으로 다가가 섬기고 교제하고 인내하며 복음을 전해야 합니다. 전하자마자 예수를 믿게 하겠다는 조급함에서 벗어나 교제를 나누는 가운데 그리스도를 나타내고 증거하여 주님을 느낄 수 있도록 해야 합니다. 더 나아가 그들이 그리스도를 체험하도록 도와주어야 합니다.

전도자로 살아간다는 것은 무엇입니까? 바로 삶의 목표 자체를 바꾸는 일입니다. 돈 버는 것, 명예를 추구하는 것이 삶의 목표가 되어서는 안 됩니다. 그것은 어디까지나 복음증거자로 살아가기 위한 하나의 방편일 뿐입니다. 우리가 살아가는 하나의 방법일 뿐입니다. 궁극적인 우리 인생의 목적, 그것은 우리의 살아가는 모습을 통해 주님께 영광을 돌리는 일이 아니겠습니까? 우리의 살아가는 모습을 통해 이웃에게 복음을 증거하는 일입니다.

오늘 이웃집 새댁과 차 한 잔을 마시며 교제를 나눌 때도, 아랫집 아줌마와 시장을 함께 갈 때도 사실은 주님께 그 시간을 맡기고 바치는 마음으로 살아가는 게 전도자의 삶입니다. 그런 마음으로 살아갈 때 우리 삶은 자연스럽게 전도자의 삶으로 변화됩니다. 조금씩 주님을 닮은 모습으로 성화(聖化)되어갑니다. 음식 하나를 만들어도 이웃과 나누고 싶은 마음이 듭니다. 이웃에 대한 관심과 사랑이 저절로 생겨납니다. 그러면서 전도의 눈이 뜨이는 것 같습니다. 저 사람의 필요가 무엇인지, 무엇이 부족한지, 어떻게 도와야 하는지 발견하게 됩니다. 사랑할 대상이 많아집니다. 자신을 사랑해주는 사람들도 늘어갑니다. 행복해집니다. 자연스럽게 전도의 열매가 나타납니다.

이것이 우리 그리스도인들의 삶입니다. 우리의 아주 작은 헌신을 삶에서 일상화시키다보면 우리가 상상하지 못한 기쁨과 축복을 얻게 되는 것입니다. 주 안에서 많은 사람을 얻고, 그 사람들과 함께 주님을 찬양하는 기쁨, 그 기쁨 가운데 살아가는 일은 정말 복 중의 복입니다.

한가락 하셨겠습니다!

노량진교회 집사로 봉사하다가 과천교회에 전도사로 부임하게 되었습니다.

이성자(가명) 씨의 아버지는 바로 그 시절에 전도한 분입니다. 이성자 씨의 어머니는 남편이 전립선암으로 고생하는 걸 보다 못해 교회에 나오게 된 분이었습니다. 저는 그 분과 얘기를 나누는 가운데 그 집을 방문해보아야겠다는 생각이 들었습니다. 심방하고자 하는 의사를 밝히자 뜻밖에 이 분이 만류했습니다. 남편이 교회 전도사님이나 목사님을 일절 집에 못 오게 한다는 것이었습니다.

저는 뜻을 굽히지 않고 "그냥 한번 가겠습니다. 그러면 대신 저를 교회 전도사라고 소개하지 마세요"라고 말씀드렸습니다. 어렵게 허락을 받아낸 저는 얼마 후 그 집으로 심방을 갔습니다. 일단, 다른 방에서 예배를 드린 후 투병중이라는 분을 찾아 뵈려고 했습니다.

"인사나 드릴까 하고요?"

그러자 이성자 씨의 어머니가 저를 강하게 붙들었습니다. 지금 통증이 와서 신경이 예민해져 있는 상태이니 무슨 봉변을 당할지도 모른다는 것이었습니다.

"봉변당해도 괜찮습니다."

그렇게 말씀드리고 방문을 열고 인사를 드렸습니다.

"안녕하세요?"

"어디서 왔수?"

전도사라는 말은 하지 말라고 당부했지만, 제가 먼저 제 신분을 밝혔습니다.

"예. 저는 과천교회 김인아 전도사입니다. 이 댁 아버님이 편찮으시다는 소리를 듣고 좀 어떠신가 하고요?"

그러자 이 분이 저한테 다짐을 받습니다.

"그려? 그러면 나한테 절대 예수 믿으란 소리는 하지 말어."

"예, 알겠습니다. 안 하겠습니다. 그런데 아버님 얼굴 뵈니까 과거에 대단하셨겠어요. 한가락 단단히 하셨겠는데요?"

저는 그렇게 한마디를 툭 내던졌습니다. 그러자 그 분 얼굴에 갑자기 생기가 돌기 시작했습니다.

"내가 젊었을 때는 한가락 했지."

저는 내심 잘됐다 싶어 좀더 거들었습니다.

"그러세요? 그럼 그 얘기 좀 들려주세요."

곧 호기심어린 표정이 되는 저를 보자 이 분은 신이 났던지 2시간 동안 자신의 과거사를 들려주었습니다. 2시간이 지나서 제가 입을 열었습니다.

"아휴, 근데 어떡하죠? 제가 딴 데 또 약속이 있어서 이제는 갈 시간이 됐는데…."

그러자 이 분이 제게 이렇게 말씀하십니다.

"또 안 올라우?"

다음 주 그 시간에 다시 오기로 약속하고, 그 집을 나섰습니다. 저는 일주일 동안 그 분을 주님께 아뢰며 기도한 후 같은 시간에 다시 그 집을 찾았습니다.

"오늘은 또 무슨 얘기를 해주시겠어요?"

그랬더니 할 얘기야 무궁무진하다고, 이번에는 정치 얘기를 좀 하겠다고 하십니다. 저는 다시 2시간 동안 그 분의 얘기를 재미있게 들어드렸습니다. 그리고 나서 제가 입을 떼었습니다.

"제가 아버님 얘기를 2시간 동안 들었으니 이번에는 저에게 5분만 시간을 주시겠어요?"

그 분은 그러라고 말합니다.

"아버님, 제가 5분간만 예수님에 대해 말씀드릴게요."

하지만 예수님에 대해 얘기한다는 소리에 다시 제지를 합니다. 그건 안 된다는 것입니다.

"그래요? 그럼 제가 아버님을 위해서 기도해드릴게요. 그건 괜찮지요?"

어렵게 허락을 받고 나서 저는 그 분을 붙들고 간절히 기도드렸습니다. 그리고 다시 물어보았습니다.

"아버님, 제가 다음 주에 또 올까요? 말까요?"

예수 얘기만 하지 않으면 언제든지 와도 좋다고 하십니다. 저는 다시 일주일 동안 그 분을 놓고 간절히 기도하기 시작했습니다.

5분이 10분 되고

주일이 되어 교회에서 이성자 씨의 어머니를 만났는데 남편 되시는 분이 저를 기다리고 있다는 말을 했습니다. 저는 당장 그 집에 갔습니다.

"오늘은 무슨 얘기를 해주시겠어요?"

그런데 그 분이 오늘은 그전에 할 얘기가 있다고 합니다. 서울 신길동에 살던 시절이었는데, 그때도 어떤 목사님이 당신을 전도하려고 무려 6개월을 좇아다녔다고 말씀하십니다. 매주 당신을 찾아왔지만 끝내 전도하지 못했다고 하면서 저에게 전도하려고 애쓰지 말라는 당부를 하시는 것이었습니다. 그러면서 이 말을 덧붙이셨습니다.

"내가 그 목사님을 어떻게 쫓아냈는지 아시우?"

"어떻게 하셨는데요?"

"하루는 이 목사님을 어떻게 하면 내 집에 못 오게 하나 궁리하다가 생각해낸 게 있었어. 그리고 목사님이 오셨지. 그 목사님한테 내가 물었어. '목사님, 저 육교 건너오셨죠?' 그랬더니 그랬다고 합디다. 내가 다시 물었어. 그 육교 중간에 있는 거지를 봤냐고? 봤다고 하데. 그럼 목사님은 그 사람한테 돈을 주고 왔냐고 내가 다시 물었지."

그러자 목사님이 차마 거짓말을 할 수 없었는지 아니라고 대답하더랍니다.

"그래서 내가 '그럼 목사님은 나한테 올 자격 없수. 목사라는 사람이 거지한테 단돈 백 원도 못 주면서 어떻게 날 전도하려고 하는 거유' 라고 말했어. 내가 그러고 목사님을 쫓아낸 사람이여. 그러니 전도사님도 나한테 전도하려고 하지 말어."

의기양양하게 그 말씀을 하시는 분을 보며 저는 마음이 아팠습니다. 알았다고 대답하고 그날 역시 2시간 동안 꼬박 이야기를 들었습니다. 2시간이 지나고 이제는 제 차례가 되었습니다.

"아버님, 오늘은 저에게 시간을 좀더 주세요. 제가 2시간이나 말씀을 들어드렸는데 10분의 시간은 주셔야 하지 않겠어요? 그리고 10분 동안 제가 무슨 얘기를 하더라도 꼭 들으셔야 해요."

제가 약간은 떼를 쓰듯 말씀드리자 그 분도 알았다고 했습니다. 어렵게 얻은 10분의 시간 동안 저는 예수 그리스도의 죽음과 부활에 대해, 복음에 대해 말씀드렸습니다. 정확히 10분이 되자 그 분이 차분하게 말씀하십니다.

"이제 10분 됐네."

"네, 고맙습니다."

그렇게 전하고 기도드리고 돌아왔습니다. 몇 번이나 그렇게 더 했습니다. 복음 전하는 일을 그렇게 몇 번 되풀이하는 동안 그 분에게 서서히 복음이 들어가기 시작했습니다. 마음이 녹기 시작했습니다. 전립선암이 온 몸에 퍼지면서 통증이 찾아올 때는 전화해서 "기도해달라"고 요청하는 일도 있었습니다. 그럴 때 찾아가서 위로하고 복음을 다시 전하자 놀랍게도 그 분 입에서 회개의 기도가 쏟아져나오기 시작했습니다.

어느 날인가는 이런 고백을 하시는 것을 들었습니다.

"하나님은 참 이상하셔. 나를 그냥 편하게 데려가시면 좋을 텐데, 왜 이렇게 고통을 주시는지 몰라."

그때 제가 이렇게 말씀드렸습니다.

"아버님, 만약 하나님이 아버님을 그냥 데려가셨으면 천국 가실 수 있었겠어요?"

"못 갔지."

제 물음에 정말 확신에 차서 대답하셨습니다.

"그래요, 이 땅에서 잠시 아픔을 당해도 그걸 통해서 예수 믿게 해주신 게 얼마나 감사해요. 그렇죠?"

그러자 감격스럽게도 이런 대답을 하시는 것이었습니다.

"맞아. 감사하지. 나는 예수 믿었으니 천국 갈 수 있지."

"아버님, 이 통증은 잠시잠깐이지만, 천국은 영원해요."

그때부터 그 분은 천국의 소망을 품고 통증을 이겨내려 애썼습니다. 날마다 천국을 사모했습니다. 그리고 어느 날, 임종의 순간이 되었으니 오라는 연락이 왔습니다.

"전도사님, 내 이제 천국 갈 거요. 근데 전도사님에게 아무것도 해준 게 없수. 대신 내가 천국 가면 하나님 뵐 거 아니오? 그러면 내가 기도해드리리다. 내가 천국갈 수 있도록 전도해줘서 정말 고마우이. 그동안 예배당에 가서 예배 한번 드리는 게 소원이었는데, 그걸 못 해보고 가는 게 아쉽구려. 그래서 어제 저녁에 자식들 다 불러놓고 유언을 했수. 내가 죽거든 기독교 장례식으로 치러달라고. 또 내가 애들한테 모두 예수 잘 믿으라고 해놨수."

그 분 유언대로 그 자녀들은 모두 예수를 잘 믿었습니다. 얼마 전에는 집사 직분까지 받고 충성하는 모습을 곁에서 지켜보며 저는 그 모습에 너무나 감사했습니다. 저는 그 분을 뵈면서 우리가 천국 소망을 가지고 살아간다는 게 얼마나 가슴 벅찬 일인가를 새삼 확인했습니다. 이 땅을 사는 동안 아무리 큰 아픔과 고통과 역경이 있다 하더라도 장차 영광 가운데 들어갈 천국에 대한 소망을 품는 일, 그것만으로도 우리는 충분한 복을 받은 자들입니다.

체계적 전도와 영적 무장이 필요하다

저는 전도의 열정이야말로 체계적인 전도법의 첫걸음이자 중요한 핵심이라고 생
각합니다. 시작이 반이라는 말처럼, 열정을 가지고 전도를 시작만 하면 이미 반은
이룬 것이나 마찬가지입니다. 일단 미친 듯이 달려가야 합니다. 그렇지 않고서는
아무리 전도에 체계를 갖추었다고 해도 그 성과를 기대하기란 어렵습니다

전도생활의 사이클

전도 특히, 아파트 전도의 효과를 기대하려면 조직적이고 체계적인
전도 체제를 갖추고 있어야 합니다. 전도 방법은 물론, 양육 관리 프
로그램 자체도 체계적이지 않으면 혼란에 빠지기 쉽습니다. 아파트의
경우, 워낙 많은 세대가 거주하는 공간이다보니 자칫 잘못하여 한번
방문한 집에 또 다른 전도팀이 방문해서 같은 질문을 하거나 지나치
게 번거롭게 한다면 역효과를 거둘 수도 있기 때문입니다.

노량진교회에서 처음으로 전도대를 결성하고 아파트 전도에 나섰을
때, 우리 전도팀은 3개월 동안 입주한 400여 세대 가운데 130가정을
등록시키는 기록을 세웠습니다. 다른 교회에서 단 한 가정도 교회로
인도하지 못할 동안 저희는 자그마치 130가정이나 교회에 등록시킨
것입니다. 이것은 전도하느라 발로 뛰어다닌 열정과 노력의 결과이자
동시에 체계적인 전도법이 얼마나 큰 효과를 낼 수 있는지 보여주는

수치라고 생각합니다.

저희는 아파트 입주를 시작하기 전부터 구역장과 권찰을 세워 준비해나갔습니다. 저는 3동의 구역장을 맡았습니다. 전도 선물은 뭘로 해야 할지, 방법은 어떤 게 좋을지 구체적인 계획을 세우고 전도수첩도 미리 준비해놓았습니다. 그런 다음 입주가 시작되던 뙤약볕 내리쬐는 여름부터 그야말로 미친 듯이 전도에 매진해나갔습니다.

체계적인 전도법이란 무엇입니까? 저는 전도의 열정이야말로 체계적인 전도법의 첫걸음이자 중요한 핵심이라고 생각합니다. 시작이 반이라는 말처럼, 열정을 가지고 전도를 시작만 하면 이미 반은 이룬 것이나 마찬가지입니다. 일단 미친 듯이 달려가야 합니다. 그렇지 않고서는 아무리 전도에 체계를 갖추었다고 해도 그 성과를 기대하기란 어렵습니다.

본격적으로 입주가 진행되던 3개월 동안 우리는 사실 정상인이 아니었다고 해도 과언이 아닙니다. 우리 생활 전부를 다 바치고 때로는 그것도 모자라 집중포화를 퍼부어야 할 때도 있는 일이 바로 전도였습니다. 그때가 그러했습니다.

저는 새벽기도를 갔다 오면 바로 아침밥을 짓습니다. 밥이 익는 30분 동안 잠깐 꿀잠을 청하고 나서 당시 데리고 있던 조카 셋, 우리 아이 둘 모두 다섯을 깨워 밥을 먹이고 남편을 출근시킨 뒤, 재빨리 집안정리를 한 후 아침 9시에 전도 현장으로 출근을 했습니다. 점심은 식당을 정해놓고 사먹었고 저녁 6시, 7시까지 전도 현장에 있다가 집에 돌아와 저녁을 챙기고 9시 반, 혹은 11시에 교회로 향했습니다. 철야하며 기도하기 위해서입니다.

그날 전도한 영혼, 복음을 전한 영혼들을 주님 앞에 아뢰기 위함이었습니다. 성령께서 역사하시지 않고서는 불가능한 사역이 바로 전도

이기 때문에 저는 주님께 그날 만난 영혼 하나하나를 꼭 붙잡아달라고 애원합니다. 한번이라도 제대로 자리를 펴고 누워보지 못했고, 거의 매일 그렇게 교회에서 살다시피 했습니다. 기도하다 너무 졸리면 방석을 포개어 깔고 잠깐 눈을 붙이는 일뿐, 이불을 펴고 눕지 못했습니다. 24시간 모두 주님께 드리고 싶은 마음에서 그렇게 할 수 있었다고 생각하니 지금도 놀랍기만 합니다. 그만큼 성령께서 저를 붙들어 주고 계셨습니다. 지금은 서너 시간씩 잠을 자면서 생활하고 있습니다. 하지만 그때는 잠을 자지 않고서도 어디서 그런 힘이 나오는지 스스로 놀랄 정도였습니다. 하나님께서 저를 훈련시키려고 그런 과정을 허락하신 게 아닌가 싶습니다.

아이들도 늘 부모에게 순종하고 자기 일을 알아서 하는 습관이 들어 있었기 때문에 제 손의 수고를 덜어주었습니다. 마침 방학 기간이라 집안 살림도 거의 큰애가 맡아서 하다시피 했고 남편의 협조도 큰 몫을 차지했습니다.

담임목사의 지지와 기도

그 결과 처음으로 우리 구역이 모여 예배를 드릴 때는 18가정이 모여 예배를 드렸습니다. 얼마나 감격스럽고 감사하던지…. 목사님께서 직접 오셔서 구역예배를 인도해주셨는데 우리는 그 예배를 통해 주(主) 안에서 하나 되는 기쁨을 맛보았습니다. 특별히 저는 '아, 우리가 최선을 다하고 또 체계적이고 조직적으로 전도해나갈 때 하나님께서는 이렇게 많은 열매를 허락해주시는구나' 하고 느꼈습니다.

지금의 과천 지역 역시 마찬가지입니다. 저희 전도대원들이 워낙 조

전도할 대상자의 이름과 현황을 빼곡히 적은 전도수첩을 들어 보이는 저자. 전도할 작정으로 기도를 시작한 사람과 만난 사람, 그리고 전도되어 교회에 출석한 사람 등이 구체적으로 기록되어 있다.

직적으로 전도해나갔기 때문에 지금은 과천시에 사는 사람은 거의 한 번씩 다 만나본 듯한 느낌마저 듭니다. 매주 등록하는 인원이 수십 명씩 되고, 그중 초신자 비율이 절반을 넘어서는 것이 바로 그런 전도법 때문이기도 합니다.

그러면 과천교회의 경우, 아파트 전도를 어떻게 하고 있는지 담임목사님이신 김찬종 목사님의 글을 빌어 소개해보겠습니다.

먼저, 전도 현장에 나가기 전에 전도지를 준비한다. 전도지에 전도하러 나가는 사람의 이름과 전화번호를 적는다. 대원들은 이름과 전화번호가 새겨진 도장을 모두 가지고 있어서 도장을 찍는다. 두 명이 한 조가 되어 전도 현장에 도착해서 맨 위층부터 시작해서 아래층으로 내려가면서 한 가정 한 가정 초인종을 누른다. 부재중일 때는 그 앞에서 기도하고 문고리에 전도지를 걸어놓는다. 문을 열어주지 않을 때에는 대문 앞에서 기도한 후 전도지를 꽂아놓고 온다.

계속해서 전도를 하다보면 어떤 때는 문을 열어주고, 어떤 때는 문을 열어주지 않을 때가 있다. 또한 핍박을 받을 때도 자주 있다.

그러나 끈기 있게 계속하는 지속적인 전도 활동이 필요하다. 전도하러 갔을 때 핍박을 받으면 다시는 그 집을 방문하고 싶지 않게 되기 쉽지만 우리 일선전도대원들은 그래도 계속해서 전도하러 나가서 그 집을 다시 방문한다.

그런데 놀라운 것은 오히려 핍박했던 사람들이 더 빨리 하나님 앞에 돌아오는 것을 볼 수 있다는 것이다. 그러기에 전도 현장에서 핍박을 받아도 포기하지 않고 계속해서 전도하게 된다.

특히 고급아파트에서는 경비원들의 제지가 심하다. 아예 아파트 안으로 들어가지 못하게 한다. 그래서 경비원들의 눈을 피해서 들어가기도 한다. 어떤 집은 경비실로 전화를 해서 전도하러 들어오지 못하게 하도록 요구하기도 한다. 그러나 전도대원들이 기도하며 계속해서 초인종을 누르고 전도하기 때문에 경비원 아저씨들이 몇 호, 몇 호는 초인종을 누르지 말라고 오히려 부탁하는 일도 있다.

과천교회에서는 매년 경비원, 미화원들을 초청하여 위로회와 잔치를 갖는데 이 행사가 그 분들의 마음을 녹이는 데 한 몫을 한다. 또 1년에 서너 차례씩 '사랑의 쌀 나누기 운동'을 하는데 이때도 살림이 어려운 경비원들과 사랑을 나눈다. 이것도 그들과의 관계를 우호적으로 만드는 역할을 한다.

전도하는 대원들은 마음에 맞는 사람들끼리 한 조가 되는 것이 중요하다. 두 명이 한 조가 되어 나가면 한 사람은 말씀을 전하고 다른 한 사람은 아이를 본다든지 복음 전하는 데 방해가 없도록 묵상으로, 기도로 동참한다.

이렇게 계속 전도하다보니 1,2년 사이에 교회에 출석하고 등록하게 되는데 대부분이 초신자이거나, 혹은 우상을 섬기던 자들이 우상을 버리고 주님께로 돌아오는 경우들이다.

전도는 내가 하는 것이 아니라 성령의 인도하심에 따라 이루어진다는 사실을 전도 현장에서 항상 체험하게 된다.

- 「교회는 이렇게 성장한다」(김찬종 저, 쿰란출판사) 중에서

이 글에서도 느낄 수 있듯이, 전도는 담임목사님의 전폭적인 지지와 눈물어린 기도가 있을 때 그 열매가 더욱 커집니다. 전도를 위한 전교회적인 프로그램, 새로운 영혼들에 대한 무조건적인 관심과 사랑, 그들을 향한 뜨거운 기도가 없다면 영혼들이 교회에 나오더라도 적응하기 어렵고 금세 교회를 떠나기 십상입니다. 살림이 어려워서 교회의 보살핌이 있어야 하는 분들, 심각한 장애 때문에 특별한 배려가 있어야 예배를 드릴 수 있는 형편의 분들이 교회에 나올수록 더욱 귀히 여기고 살펴주는 마음, 그런 목자의 마음 때문에 우리 과천교회에 하나님께서 보내주시는 전도의 열매들이 풍성하다고 말할 수 있습니다.

헌신 이상의 복을 주시는 하나님

제가 전도하면서 받은 축복이 있습니다. 전도하면서 오히려 그 전도 대상자들을 통해 날마다 은혜를 체험한다는 것이지요. 전도하기 시작하면 어느덧 저는 이런 기도를 하고 있었습니다.

"하나님, 이 생명 거두어가시는 그 순간까지 하나님의 일이라면 어떤 것도 핑계대지 않고 할 수 있도록 제 환경과 여건을 조성해주세요."

사실 하나님께서는 일을 하기로 작정하셨다면 나 아닌, 어느 누구를 통해서라도 그 일을 성취하고야 마십니다. 즉, 누군가의 마음을 감동시켜서라도, 그 일을 하는 분이 하나님이시라는 말입니다. 그렇기 때문에 하나님의 사역에 우리가, 내가 쓰임받는다는 건 정말 감사할 일입니다. 하나님께서 다른 사람이 아닌 바로 나를 들어 일하신다는 것, 나를 도구로 쓰셔서 많은 영혼을 구원하신다는 것은 가슴 벅찬 일입니다.

따라서 하나님께 쓰임받기 위해 우리의 모든 것을 희생하여 드릴 수 있다는 것은 복 중의 복입니다. 만약 그런 희생이 전제되지 않는다면, 그런 헌신이 없다면 우리는 쓰임받을 수 없다고 해도 과언이 아닙니다.

그러면 어떤 이들은 이렇게 묻습니다.

"하나님께서는 우리가 풍성한 삶을 살기 원하신다면서 왜 헌신만 강요하시느냐? 왜 자꾸 희생만 요구하시는 거냐?"

그러나 주님께 헌신해본 이들이라면 곧 알 수 있습니다. 하나님께서 그 헌신을 통해 얼마나 많은 복을 주시는지 말입니다. 주님께서는 우리가 드린 헌신 이상의, 아니 몇 십 배, 몇 백 배의 복을 주시는 분이십니다. 따라서 주께서 우리에게, 바로 나에게 손 내미실 때, "너를 받기 원한다"고 말씀하실 때 즉각 순종하는 게 중요합니다. "주여, 감사합니다. 내가 여기 있사오니 나를 써주소서"라고 답하는 게 옳습니다. 그럴 때 하나님께서는 주를 위해 마음껏 일할 수 있는 환경과 여건을 허락하십니다. 말로 다할 수 없는 기쁨과 평안을 주십니다.

거칠 것 없는 환경을 주시는 하나님

저는 정말 육신이 약했던 사람입니다. 이렇게 투실한 아줌마가 되리라고는 상상하지 못할 정도로 나무젓가락처럼 말랐던 사람입니다. 그런데 지금은 이 많은 사역을 감당할 수 있을 만한 힘을 주님께서 순간순간 허락해주고 계십니다.

요즘 같은 시대에 아이 둘을 키우려면 엄마 손이 얼마나 많이 가는지 모릅니다. 엄마의 부지런한 손길과 지혜를 다 짜 모아도 부족하다고들 합니다. 모든 노력과 물질을 다 쏟아 부어도 "엄마는 나에게 무관심하다"는 말만 돌아온다고 합니다. 그런데 감사하게도 저의 두 아

아파트 문은 전도자의 기도와 정성으로 열린다.

이는 엄마 손의 수고가 턱없이 부족한데도 잘 자라주고 있습니다. 아니, 하나님께서 친히 그 아이들의 마음에 감동을 주시고 이끄신다는 느낌을 받습니다. 오히려 제게 "엄마, 수고가 많지요? 얼마나 힘드세요?"라며 위로의 말을 건넬 줄도 압니다. 남편도 전폭적으로 저를 지지해주고 있습니다. 충분히 내조해주지 못하지만 "행복하다. 나는 당신 때문에 행복하다"고 말해주는 남편입니다. 단칸 월세방에 살았던 저희지만 지금은 물질도 풍족하다고 생각합니다.

　제 자랑 같습니다만 제가 믿는 굳은 확신 한 가지를 말씀드리기 위해 잠시 제 가정 얘기를 했습니다. 제가 확신하는 바는 이것입니다. 하나님께 전적으로 자기 자신을 드리고자 하는 자에게 하나님은 모든 여건을 허락하고 책임져주신다는 사실입니다. 만일 그것을 믿지 못하면 주의 일을 오래할 수 없습니다. 지금은 비록 힘들고 어려워도 주를 위해 달려가면 장차 하나님께서 이 모든 문제를 해결해주시고, 더 좋은 것들을 열어주신다는 믿음, 그런 믿음이 없이는 할 수 없는 일이 바로 주의 사역입니다. 하나님께서는 어떤 식으로든 그 가정에 꼭 필요한 것을 주시는 분입니다. 물질이든 마음의 평안이든 풍성한 기쁨을 주시는 분입니다. 할 수 없을 것 같은 상황에서 순종함으로 나아가도록, 아무것도 핑계치 않고 주의 일을 감당할 수 있도록 힘을 주시고 능력을 주시는 분입니다.

물론, 가정사역 역시 주의 일임이 분명합니다. 그러기에 가정사역도 할 수 있는 한 최선을 다해야 합니다. 가정이 바로 서지 않는 한, 우리는 또 다른 주의 사역을 감당할 수 없습니다. 가정사역이야말로 우리 사역의 핵심입니다.

문제는 순간순간, 최선을 다하는 것입니다. 전도하러 다니느라 피곤하다고 저녁에 집에 가서 퍼져버린다거나 쓰러지는 게 아니라, 전도할 때처럼 밥 지을 힘을 달라고 하나님께 기도한 후 밥을 짓는 것입니다. 아이들을 향해서도 "난 주의 일을 하느라 피곤하니 너희들이 알아서 잘 해"라고 호령하는 게 아니라 오히려 미안해하고 동의를 구하는 태도가 필요합니다. 그럴 때 아이들은 엄마의 진심을 읽습니다. 또한 성령께서 가족들의 마음을 녹이시고 필요한 은혜로 채워주십니다.

우리는 바로 이 은혜를 간구해야 합니다. 그런 은혜를 받을 때 우리는 꼭 해야 할 수고(가정사역 등등)를 덜고, 전도하는 일에 에너지를 쏟아 부을 수 있습니다.

전도자에게 부어주시는 능력

마가복음 16장 14-20절에는 이런 말씀이 있습니다.

"그후에 열한 제자가 음식 먹을 때에 예수께서 저희에게 나타나사 저희의 믿음 없는 것과 마음이 완악한 것을 꾸짖으시니 이는 자기의 살아난 것을 본 자들의 말을 믿지 아니함일러라 또 가라사대 너희는 온 천하에 다니며 만민에게 복음을 전파하라 믿고 세례를 받는 사람은 구원을 얻을 것이요 믿지 않는 사람은 정죄를 받으리라 믿는 자들에게는 이런 표적이 따르리니 곧 저희가 내 이름으로 귀신을 쫓아내며 새 방언을 말하며 뱀을 집으며 무슨 독을 마실지라도 해를 받지 아니하며 병든 사람에게 손을 얹은즉 나으리라 하시더라 주 예수께서 말씀을 마치신 후에 하늘로 올리우사 하나님 우편에 앉으시니라 제자들이 나가 두루 전파할새 주께서 함께 역사하사 그 따르는 표적으로 말씀을 확실히 증거하시니라."

그렇습니다. 믿는 자들에게는 표적과 능력이 나타납니다. 또한 그 표적으로 인하여 말씀이 확실히 증거되기도 합니다. 우리는 전도를 다니면서 이런 표적과 능력을 사모합니다. 그래서 전도를 포기하는 사람도 있습니다. 왜냐하면 자신은 그런 능력이 없다는 이유 때문입니다. 하지만 보십시오.

"믿는 자들에게는 이런 표적이 따르리니 곧 저희가 내 이름으로 귀신을 쫓아내며 새 방언을 말하며 뱀을 집으며 무슨 독을 마실지라도 해를 받지 아니하며 병든 사람에게 손을 얹은즉 나으리라."

하나님께서는 우리가 주님을 '믿고 따르며 복음을 증거할 때' 이런 권세를 주신다고 하셨습니다. 그러나 얼마나 많은 그리스도인들이 이 사실을 성경말씀으로 받아들이지 못하며 살아가고 있습니까? 이 말씀을 하나님의 살아 있는 말씀으로 믿는다면 우리에게 그런 권세가 있다는 사실도 믿어야 합니다.

그런데 많은 사람들이 '능력'이란 단어에 대해 오해하고 있습니다. 마치 눈앞에서 병을 낫게 하거나 꼭 방언이나 예언을 해야만 하는 것이라고 생각하는 것 같습니다. 하지만 그렇게 가시적으로 확인할 수 있는 능력이 있는가 하면, 보이지 않고 눈앞에서 바로 확인할 수 없더라도 실재하는 능력이 있습니다.

우리가 믿음으로 전도 대상자들에게 나아가 "예수께서 당신을 위해 죽으셨고, 부활하셨습니다. 그 주님을 믿을 때 당신과 당신의 가정은 구원받습니다"라고 담대하게 선포할 때 "아멘"으로 화답하는 소리가 나올 때 귀신이 슬그머니 달아나는 역사가 일어납니다. 귀신의 영(靈)이 나가고, 주님의 영으로 새롭게 거듭나는 역사가 나타납니다. 그것이 바로 능력입니다.

오늘날 많은 사람들은 그런 선포를 기다리고 있습니다. 악몽에 시달리고, 불면증에 시달리고, 불안감에 떠는 사람들이 부지기수입니다. 그런 자들에게 찾아가서 "주님께서 당신을 사랑하십니다. 그 사랑을 믿으세요"라고 담대하게 전하시기 바랍니다. 근심이 변하여 찬송이 되고, 슬픔이 변하여 평안이 되는 놀라운 역사가 나타날 것입니다. 그리스도인들의 말 한마디의 권세는 그만큼 큽니다. 저는 노량진교회 집사로 있을 때 그것을 체험했습니다.

어둠의 역사를 체험한 이유

노량진교회에서 은혜받고 전도하러 다니면서 새로운 피조물로서의 삶의 행복과 기쁨을 맛보던 무렵이었습니다.

어느 날부터인가 저는 또 다시 이상한 꿈에 시달리게 되었습니다. 밤에 잠이 들면 검은 옷을 입은 사람들이 나타나서 땅을 파는 그림이

보였습니다. 꿈속에서 제가 "이 속
에 누가 들어갈 거예요?"라고 물
으면 사람들은 영락없이 제가 들
어갈 자리라고 했습니다. 또 어느
날은 교통사고로 죽는 꿈도 꾸었
습니다. 어떤 식으로든 날마다 제
가 죽는 꿈을 꿨습니다. 무서웠습
니다. 또 다시 꿈을 꿀까봐 잠이
드는 일도 무서웠고, 죽는다는 게
너무나 무서웠습니다.

아줌마만이 할 수 있는 특수전도의 기회

1. 손수 만든 음식 한 그릇으로 이
   웃과의 전도 접촉점 마련하기

2. 맞벌이 부부 가정의 애봐주기

3. 간병인 없는 집 환자 간호하기

4. 일손 없는 집 민원서류 대신 떼
   주기

5. 문제청소년에게 모성애로 다가
   가기

나중에는 물 한 모금 들이키기
어려울 정도로 몸이 상했습니다.
몰라보게 야위어갔습니다. 밥도 먹을 수
없고 걸어다닐 기운도 없었습니다. 훗날 남편이 "송장 치우는 줄 알았
다"고 말할 정도였습니다. 그런 꿈을 꾸면서도 꿈속에서 전혀 대적하지
못했을 뿐 아니라 아침에 일어나면 제 입에서 "나무아미타불 관세음보
살"이라는 말이 흘러나올 때도 있었습니다. 깜짝 놀란 저는 곧바로 제
입을 틀어막아버렸습니다.

그렇게 수 년을 시달렸습니다. 나중에는 교회 가서 찬송을 부르는데
박수를 칠 수도 없었습니다. 박수를 치고 싶어도 물리적으로 손이 안
올라가고 손뼉이 쳐지지 않았습니다. 그런 와중에 '이거, 여기서 내가
지면 죽을 것만 같다'는 생각에 온 힘을 모아 박수를 쳤더랬습니다.

병원에 가서 종합검사를 받아보아도 '정상'으로 나왔습니다. 전혀
이상을 발견할 수 없다고 했습니다. 저는 '아, 이게 어둠의 역사구나'
라고 느꼈습니다. 그때 죽음을 체험했다고 말해도 과언이 아니었습니

다. '죽음이 이런 거구나. 어둠의 역사가 바로 이런 거구나' 하는 느낌이 들었습니다. 저는 다시 신경정신과를 들락거렸습니다. 그럴 때마다 죽음의 문턱을 왔다 갔다 하는 느낌이 들었습니다.

잠만 자면 피가 거꾸로 솟구쳐 오르는 공포에 떨어야 했습니다. 그런데 희한한 일은, 그렇게 수년 간 시달리다보니 나중에는 죽음도 자연스럽게 받아들일 수 있게 되더라는 것입니다. 다시금 구원의 감격을 갖게 되면서 언제부턴가 잠들기 전 이런 고백을 했습니다.

"주님, 오늘밤 저를 불러가신다고 해도 주님 품안에 있을 줄 믿습니다. 제가 죽더라도 주님 품안에 안길 수 있어서 감사합니다. 주님, 저를 안아주십시오."

그렇게 기도하면서 죽음까지 받아들이게 되었고 이상할 정도로 마음이 평안해졌습니다. 처음에는 어둠이 역사하면 속수무책이었습니다. 하지만 나중에는 꿈속에서도 기도할 수 있는 힘이 생겼습니다. 10분, 20분 기도하기 시작하면 어둠의 세력이 싹 물러가는 게 느껴졌습니다. 어둠의 공포에 눌려 지내던 제가 그 어둠이 물러가도록 명하고 있었습니다. 천국을 소망하는 믿음이 모든 두려움을 이겼습니다.

축복의 말, 그 권세와 비밀

내가 이기지 못했던 공포감을 생각해봅니다. 지금도 그 괴로움을 생각하면 정말 견디기 힘듭니다. 그러나 그 훈련의 기간이 지나자 제 안에는 어떤 담력이 생겨났습니다. 수많은 우울증 환자나 정신질환자들을 만날 때면 저는 제가 왜 그런 체험을 했는지, 그 뜻을 주님 안에서 발견할 수 있었습니다. "미쳤다"는 소리를 들을까봐 어디에 내놓고 말은 못하지만, 그 어둠의 역사로 인해 고통받는 사람들이 얼마나 많은 지 이제 제 눈에 보이기 시작했습니다.

무엇보다 그때 저는 그리스도인들의 말 한마디의 권세가 얼마나 큰 지 실감했습니다. 제가 악몽의 고통을 견디다 못해 어떤 분들에게 꿈에 대해 얘기하면 이렇게 말하는 분도 계셨습니다.

"집사님, 어떡해요? 그거 되게 나쁜 꿈인데, 하나님이 집사님을 거 둬가시려나봐요."

"집사님, 조심하세요. 무슨 안 좋은 일이 생기려나봐."

그러면 그 말 한마디에 소름이 오싹 끼쳤습니다. 그 한마디 말의 권 세가 저를 공포에 떨게 만들었습니다.

'맞아, 나는 곧 죽을지도 몰라.'

그러나 하나님께서는 저를 그대로 두지 않으셨습니다. 곧 이종안 목 사님을 통해 역사하셨습니다. 목사님은 이렇게 말씀해주셨습니다.

"아니예요, 집사님. 그건 하나님의 훈련입니다. 영적인 훈련 같은 거지요. 하나님께서 집사님을 크게 쓰시려고 그러시는 것입니다. 그 외엔 아무것도 아니예요."

너무나 당연하게, 너무나 평안하게 그렇게 말씀하실 때 그 말씀이 그대로 제게 와서 박혔습니다. 신기하게도 마음에 평안이 찾아왔습니 다. 목사님은 저를 위해 늘 기도해주셨습니다. 그러자 제 안에 천국에 대한 소망이 자라났고 죽음 그 자체가 두려운 것이 아님을 알게 되었 습니다. 그게 시작이었습니다. 그것이 악몽에서 벗어나는 훈련, 그 훈 련을 통과하는 비법을 터득한 첫 단계였습니다. 얼마 후, 저는 그 악 몽에서 자연스럽게, 그리고 완전히 벗어났습니다.

현대인들은 물질이 없어서 갈급한 게 아니라 영적인 문제 때문에 고 통스러워하고 있습니다. 불면증, 악몽, 불안, 공포, 두려움…. 이런 것에 시달리는 현대인들에게 어떻게 다가가야 하는지, 어떤 말을 해줘야 하는지 알게 되었습니다. 우리의 말 한마디로 그들을 옭죄고 있는 사단의 사슬을 끊을 수도 있고, 더 단단하게 쥘 수도 있다는 걸 알았습니다.

만일 전도하면서 상대방이 악몽에 대한 얘기를 하면 저는 무조건 좋게 해석해줍니다. 말하자면 복음적으로 해석해준다는 말입니다.

"그건요, 앞으로 예수 믿고 축복 많이 받게 되는 꿈이랍니다."

어찌됐든 그쪽으로 유도합니다. 그것도 담대하게, 평안하게 선포합니다.

"불면증요? 절대 안 고쳐져요"라고 선포하는 사람에게는 전도의 열매가 따르지 않습니다.

"저도 그런 경험을 했는데요, 어느 날부터인가 불면증이 싹 사라져버렸어요. 안개가 걷혀지듯이 말이에요. 애기엄마도 꼭 그렇게 될 거예요."

그러면 사람들이 얼마나 안도하는지 모릅니다. 예수 그리스도 안에 있는 그 평안의 비밀을 발견하려고 마음문을 활짝 열게 됩니다. 어둠의 권세를 이겨낼 비밀을 발견하게 되는 것입니다.

체험이 없어도 전도할 수 있다

"과거에 얽매이지 말되 과거를 잊지는 말라"는 말이 있습니다. 이 말처럼 저는 제 과거를 돌아볼 때마다 하나님의 강권적인 인도하심을 생각하게 되어 참 감사합니다. 하나님께서 저를 사람 만드시려고 이 모저모로 훈련시키셨다는 생각도 들고, 그렇게 저를 이끄셨기에 오늘의 제가 있다는 사실에 마음이 벅차옵니다.

저는 가끔 이런 질문을 받습니다.

"전도사님은 그런 체험이 있으니까 전도하면서 열매가 많은 것 같아요. 저희들이야 어디 그렇습니까? 간증거리도 별로 없는데 어떻게 전도를 해요?"

그러나 이 질문은 틀린 질문입니다. 하나님께서 한 영혼 한 영혼을 이끄시는 방법은 너무나 다양합니다. 곱게 컸으면 곱게 큰 대로, 농촌에서 자랐으면 농촌에서 자란 대로 저마다의 간증이 있고 감격이 있습니다. 쓰임받는 영역이 따로 있습니다. 문제는 주님 앞에 구원의 감격이 있고, 복음을 전할 열정이 있는가 하는 것입니다. 그게 바로 우리 모두 가지고 있는 간증입니다.

실제로 과천교회 전도대원들 가운데는 저와는 전혀 다르게 살아온 분들도 많습니다. 그런 분들이 많은 전도 열매를 거두는 것을 보게 됩니다. 소위 영적인 훈련이나 혹독한 삶의 체험 과정이 거의 없는 분들, 그런 분들은 그런 분들대로 제가 감당하지 못하는 영혼들을 붙여주신다는 확신이 듭니다. 고요하게 찾아가셔서 크게 역사하시는 하나님을 그 분들에게서 느끼기 때문입니다.

따라서 전도하는 데는 어떤 것도 핑계할 수 없습니다. 다만 조직적인 전도의 경우, 리더는 전도대원들이 끝까지 쓰러지지 않고 그 사역을 감당할 수 있도록 적절한 동기부여와 격려를 해주어야 합니다. 그런 카리스마와 사랑을 소유한 리더가 세워지면 전도대원들은 모두 다양하게 쓰임받습니다.

과천교회 전도대원들을 보면 모두 다른 기질, 다른 성격, 다른 은사를 소유한 사람들입니다. 그 기질과 은사와 성격에 따라 만나는 영혼들도 달라집니다. 하나님의 절대적인 인도하심이 각각의 걸음을 이끄셔서 그에 맞는 영혼들을 붙여주신다는 생각이 강하게 듭니다. 그러므로 특별한 체험이나 능력을 받아야 전도할 수 있다는 생각, 그것까지도 깨뜨리고 현장으로 나가시기 바랍니다. 전도는 내가 하는 게 아니라 성령께서 하시는 것이며 다만 나는 도구로 쓰임받을 뿐입니다.

기도 없인 불가능한 일

어떤 특별한 체험이 없어도 할 수 있는 게 전도라면 기도 없이 불가능한 게 또한 전도입니다. 왜냐하면 전도는 성령께서 하시는 일이며 가장 치열한 영적 전쟁터에서 벌어지는 사역이기 때문에 그렇습니다.

지금도 저는 새벽 4시 반이면 집을 나와 아침 8시까지 예배당에서 무릎을 꿇고 기도합니다. '제게 무슨 특별한 능력이 있어 전도를 하며, 무슨 대단한 지혜가 있어 영적인 지도자 역할을 감당할 수 있겠는가?' 하는 생각에 기도하는 일을 잠시도 쉴 수가 없습니다. 내가 주의 일을 하는 게 아니라 성령께서 나를 통해 역사하시는 것이기에 더욱 더 나를 쳐서 주님 앞에 복종하려고 노력합니다.

기도할 때만큼 전도자가 쉼을 얻고, 힘을 얻을 때도 없습니다. 이런 쉼과 힘이 없다면 계속해서 사역을 감당하기란 불가능합니다. 하나님께서 주시는 위로와 격려와 안식 없이, 저는 이 사역들을 계속할 수 없습니다. 하나님의 위로와 격려가 있기 때문에 얼굴에 화색이 돌고 웃음이 납니다. "전도하자"는 구호를 외칠 수가 있습니다. 기도를 통해 날마다 제 삶의 목표와 비전과 꿈을 확인하기 때문입니다. 만일 이것이 없다면 저는 벌써 지쳐 쓰러졌을 것입니다. 공급이 없으면 수요가 없는 이치와 같습니다.

또 기도하면서 내 안의 교만과 많이 싸웁니다. 전도의 열매가 많이 맺히거나, 손을 얹어 기도하면 귀신이 물러가거나 병이 낫는 역사가 일어나면 어느덧 내 마음 한편에 주목받고 있다는 우쭐함, 스스로 능력이 있는 것 같은 착각이 자리잡지 않을까 염려되기 때문입니다. 분명히 성령께서 나를 통해 역사하신 것인데도, 사람은 능력이 행해지는 순간 교만에 빠져듭니다. 내가 했다는 착각에 빠져듭니다. 사람들의 존경어린 눈빛을 대하면 그런 교만이 더욱 높아집니다. 전도한 영혼들을 주님의 제자로 이끄는 것이 아니라 내 제자로 여기는 죄를 저지르고 맙니다.

그러나 그 순간, 하나님께서는 촛대를 옮겨놓으십니다. 겸손하지 못한 종은 종으로서 가치가 없기 때문입니다. 우리는 그 점을 두려워해야 합니다. 그래서 저는 기도로 이 교만과 매일 싸움을 합니다. 그렇게 훈련받았는데도 내가 잘나서 그런 줄 알고 또 하나님을 등질까봐, 하나님의 영광을 가리울까봐 두렵고 떨림으로, 눈물로 기도합니다.

때로는 전도대원들을 이끄는 지도자로서, 또 400가정을 관리하는 교역자로서 교만해진 점은 없는지 돌아봅니다. 그때마다 저의 죄는 빛이신 하나님 앞에 고스란히 드러나고 맙니다. 회개합니다. 용서해달라고, 다시는 그런 교만함을 갖지 않게 해달라고, 겸손한 종이 되게 해달라고 기도합니다. 날마다 기도로 나를 비춰볼 수밖에 없습니다. 그런 날들의 반복입니다.

그후에는 전도대원들 앞에, 성도들 앞에 제 잘못을 시인하고 용서를 구합니다. "정말 죄송합니다. 그 부분은 제가 잘못했습니다"라고 고백합니다.

하나님께서 그렇게 고백할 수 있는 마음을 기도하는 가운데 제게 주십니다. 기도야말로 하나님께 쓰임받을 수 있는 중요한 통로입니다. 따라서 기도는 하나님께 쓰임받으려고 하는 모든 이들에게 공통적으로 적용되는 필수 요소임이 분명합니다.

능력기도의 함정

능력을 얻기 위해 기도한다거나 사역을 더욱 잘 감당하기 위해 기도할 때 한 가지 주의해야 할 모습이 있습니다. 교만과 자기 의(義)를 드러내려고 하는 마음이 고개를 든다는 점입니다. 저는 체험적으로 그 사실을 깨달았습니다. 우리가 이것을 경계하지 않는 한, 백날 기도해도 말짱 헛것입니다.

저는 제 삶의 여정 속에 개입하신 하나님의 훈련과 은혜를 체험하면서 영적인 세계에 대한 관심이 날로 늘어갔습니다. 따라서 능력받기 위해, 불을 받기 위해 기도원이란 기도원은 다 다녀보았습니다. 물론, 예배당에서 새벽기도나 철야기도도 열심히 했지만 그 정도로는 제 성에 차지 않았습니다. 왠지 기도원에 보따리 싸들고 올라가서 기도해야 능력을 체험할 것 같은 생각이 들었습니다. 그럴 때 하나님께서 영적인 은사를 주시리라는 확신이 들었습니다.

그때도 그런 마음이었습니다. 저는 청계산으로 40일 작정기도를 하러 올라갔습니다. 때는 쌀쌀한 바람이 몰아치기 시작하는 계절이었습니다. 날이 얼마나 추운지, 통비닐을 사다가 나무 위를 덮고, 밑에는 스티로폼 방석을 깔고 밤새도록 철야를 했습니다. 밤새도록 추위에 떨며 40일간 기도했습니다. 그러자 교인들이 제게 그럽니다.

"야, 집사님. 대단하네요. 어떻게 그렇게 기도할 수 있어요?"

그런 소리를 한두 번 듣다보니 제가 교만해졌습니다.

'그래, 난 기도의 사람이니까. 난 기도하는 사람이니까….'

이런 교만이 슬그머니 자리잡기 시작하면서 제 기도의 색깔이 변질되기 시작했습니다. 은연중에 자기만족을 위한 기도, 사람을 의식한 기도를 하게 되었습니다.

드디어 40일 작정기도가 끝났습니다. 스스로 충만해지고 스스로 만족스러워하며 거적때기를 들고 산을 내려가려고 마침기도를 드리는데, 문득 제 마음에 음성이 들려왔습니다.

"너, 지금껏 누구를 위해 누구에게 기도했니?"

그래서 제가 답했습니다.

"하나님, 제가 지금 하나님께 능력 달라고 기도하지 않았습니까? 당연히 하나님께 기도드렸죠."

그런데 하나님이 말씀하시는 대답은 그게 아니었습니다.

"아니다. 너는 지금 너의 의를 위해 기도했다."

무슨 뜻입니까? 제가 그동안 기도한 건 사람들에게 기도 많이 한다는 소리, 능력있는 집사라는 소리를 들으려고 기도했다는 뜻이었습니다. 그러자 마음 깊은 곳에서 통곡이 터져나왔습니다.

"하나님, 맞습니다. 제가 사람들에게 잘 보이려고 기도했습니다. 하나님, 제가 왜 능력을 달라고 기도했는지 아시지요? 제가 그 능력받아서 사람들에게 나의 의를 나타내고 싶었습니다. 하나님, 잘못했습니다. 용서해주십시오."

그날의 회개와 용서의 어루만짐을 저는 결코 잊을 수가 없습니다. 하나님이 기뻐하시지 않는 기도, 응답하지 않는 기도가 무엇인지 깨달았습니다.

그후부터 저는 특별히 산기도를 작정한다거나 기도원에 올라가는 대신 예배당에서 날마다 꾸준히 기도하는 습관을 들였습니다. 또 누구에게 보이기 위해서가 아니라 정말 하나님과 저만의 은밀한 교제를 드리기 위해 기도드렸습니다. 능력은 그럴 때 나타난다는 것도 알았습니다.

기도조차 나의 의를 위해 했다는 것을 알았습니다. '내가 이만큼 기도했으니 이만큼 능력 달라' 는 식의 기도는 옳지 않습니다. 다만 "하나님, 저는 하나님의 은혜 없이는 살 수가 없습니다"라는 고백으로 나아가야 한다는 사실을 그때 알았습니다. 그저 나의 가장 소중한 새벽 시간, 제 마음을 주님 앞에 드리는 심정으로 나아갈 때 하나님께서 채우시고 만나주신다는 사실을 그때서야 비로소 알았습니다.

3부

전도불패의 믿음

영적 싸움이 예상되는 가정을 전도하는 일은 얼핏 보아서는 매우 어

렵게 느껴집니다. 맞습니다. 우리 힘만으로, 내 화술이나 내 지혜만

으로 그런 가정을 전도하기란 거의 불가능합니다. 설사 교회에 나오

도록 하는 데는 성공했다 하더라도 뒷일까지 감당하기란 어

렵습니다. 왜냐하면 인간은 사탄의 세력을 절대로

이길 수 없기 때문입니다. 하지만 주 예

수 그리스도의 권세는 사탄의

권세를 물리쳤습니다. 예수를

믿는 우리는 그런 권

세를 소유한 자

들입니다.

가족전도,
비켜갈 수 없다

8장

전가족의 구원은 돌아볼수록 감격스러운 일입니다. 그리고 이 사실을 잊지 않게
됩니다. 나의 고생, 나의 헌신과 눈물로 인해 기뻐하는 이들이 있다는 것, 바꿔 말
해서 나의 헌신과 눈물을 통해 다른 형제에게 기쁨과 평강을 가져다줄 수 있다는
것을 말입니다.

나의 딸도 전도 동역자

이쯤해서 저의 간증을 함께 나누고 싶습니다. 우선 주어진 환경이
나 조건에서 최선을 다해 주(主)의 사역을 감당할 때 하나님께서는
분명히 생각지도 못한 방법으로 우리 길을 열어주신다는 사실을 말
씀드리고 싶습니다. 환경을 핑계치 않는 믿음으로 최선을 다하는 모
습, 그것을 통해 하나님께서는 교회를 일으키시고, 우리 삶을 인도
하십니다.

제가 노량진교회에서 중등부 교사로 섬기던 시절입니다. 거의 매일
전도를 나갔습니다. 특히 토요일에는 동양중학교 앞에 가서 청소년들
을 대상으로 복음을 증거했습니다. 그러기를 얼마나 했는지, 언제부
턴가 그 학교 아이들은 저를 보면 "아, 예수 아줌마 오셨어요?"라며
인사를 할 정도가 되었습니다. 오전 11시 10분쯤 되면 예배당에 올라
가서 기도로 준비하고 학교에 갑니다. 봄날에 돋아난 새싹 같은 까까

머리 아이들이 학교 정문을 나서는 모습이 보입니다. 그러면 달려가서 "애, 너 교회 다녀라. 예수 믿어야지" 하고 전도했습니다.

그런데 하루는 몸이 무척 아팠습니다. 몸살감기에 과로까지 겹쳤는지 온몸에 열이 펄펄 끓었습니다. 게다가 비는 얼마나 쏟아지는지 바가지로 퍼붓듯이 비가 쏟아졌습니다. 속에서는 벌써부터 '오늘은 전도를 하루 쉬어야겠다'는 생각이 슬며시 고개를 들고 있었습니다. 도저히 몸이 따라주지 않을 것 같았습니다.

그렇게 생각하고 자리에 누워 있는데 11시가 다 되어가자 마음이 바뀌었습니다.

'아니야, 두 주간만 지나면 방학이라 아이들을 못 만날 텐데 조금만 참고 나가보자.'

이렇게 생각하고 일어나서 약을 먹고 학교 앞으로 갔습니다.

한쪽 손에는 우산을 들고, 한쪽 손으로 전도지를 나눠주려니 여간 불편한 게 아니었습니다. 그래도 전도지를 계속 나눠주었습니다. 그러자 아이들이 이렇게 말했습니다.

"예수 아줌마, 비 오는데 뭐 하러 왔어요? 빨리 가세요."

그 아이들이 나를 걱정해주는 듯한 말을 듣고 있으니 갑자기 눈물이 쏟아졌습니다.

"하나님, 감사합니다. 제가 비록 몸이 아프고 열은 나지만 이들에게 복음을 증거할 수 있게 하셔서 이들이 저를 통해 주님을 만날 수 있다면 이들의 생애가 얼마나 귀하게 바뀌어지겠습니까? 하나님, 너무너무 감사합니다."

그렇게 생각하자 은혜가 차올라 말할 수 없을 만큼 눈물이 쏟아졌습니다. 마침 중학교를 다니는 제 딸아이가 하교길에 제 모습을 보고 말았습니다. 친구들과 함께 걷다가 저와 눈길이 마주친 것입니다. 그런데

나도 남편의 협조가 없었다면 전도의 발이 묶였으리라.

엄마 눈에 눈물이 맺혀 있는 것을 본 아이가 그냥 지나칠 수 없었나봅니다. 사춘기다보니 엄마의 모습이 부끄럽다고 살짝 지나쳐가기 일쑤였는데, 그때는 제게 선뜻 다가와 따뜻하게 말을 건네주었습니다.

"엄마, 내가 우산 받쳐드릴게요."

그러자 친구들도 너나없이 한 가지씩 거든다고 나섭니다.

"아줌마, 저도 전도할게요. 그거 주세요."

모두들 전도지를 나눠 갖고 남학생들에게 전도를 하기 시작했습니다. 그러자 남학생들도 얼마나 좋아하는지 모릅니다. 예쁜 여학생들이 전도지를 나눠주니까 마음문이 그냥 열려버리나봅니다. 그 주에 그 학교 학생만 20명이 교회에 나왔습니다. 비가 억수같이 내렸지만 너무나 아름다운 날이었습니다.

그때 저는 그 아이들의 모습을 보면서 하나님께 감사기도를 드렸습니다.

"하나님, 감사합니다. 제가 만일 아프고 열이 나서 전도를 외면했다면 이 많은 영혼들을 어떻게 책임질 수 있었겠습니까? 하나님, 정말 감사합니다."

그후로도 저는 그와 같은 하나님의 은혜를 많이 체험했습니다. 나 자신을 주님 앞에 온전히 드린다는 것은 부족한 환경일 때, 무언가 그럴듯한 핑계거리가 있을 때에도 순종하고 나아가는 것이라고 말입니다. 내가 연약해서 감당할 수 없지만 순종함으로 나아갈 때 하나님께서는 완벽하게 채우시고 인도하시는 분입니다. 하나님께서는 그 사건을 통해 단번에 제 딸을 제 사역의 완벽한 동역자로 만들어주셨습니다.

남편의 구원을 위해 시련을 요구하다

믿음 좋은 아줌마들 사이에 가장 큰 고민이 있다면 그건 바로 믿지 않는 남편 문제일 것입니다. 남편이 영적으로 앞서나가고 격려해주기는커녕, 신앙생활 한다고 핍박하고 괄시할 때 그 마음이 얼마나 괴롭고 외로울지는 이루 헤아릴 수 없는 문제입니다. 지금도 그런 가정을 볼 때마다 그 가정에서 선교사로서의 위치를 감당하고 있는 아줌마들에게 힘내라고, 당신이 그 가정의 선교사라고 응원해줍니다.

그런데 요즘은 예수 믿는 아내를 핍박하는 가정보다는 그냥 방관하는 가정이 늘어가는 것 같습니다. 마치 "혼자 예수 잘 믿고 우리집 위해 기도나 열심히 하라"는 듯한 태도로 방관하는 모습을 볼 수 있습니다. 그러나 그 역시 핍박하는 가정과 마찬가지로 아직 한 발로 서 있는 모습이지요. 남편과 아내, 자식들까지 모두 하나님 앞에 올곧게 서야 그 가정이 온전한 기쁨을 맛볼 수 있습니다. 홀로 잘 믿는다고 행복할 수는 없습니다. 또한 가장이 예수를 믿을 때 그 가정 안에 온전한 예배와 사역의 힘이 회복되는 것입니다.

혹 남편이 아직 예수 믿지 않는 가정이 있습니까? 그렇다면 계속해서 기도하고 힘내시기 바랍니다.

저는 이 부분에서 큰 어려움을 겪지 않았습니다. 하나님께서는 아마 제 부족한 그릇을 채우시려고 좋은 배우자를 예비해두셨던 모양입니다. 저의 남편은 성품이나 여러 가지 다른 면으로 보아도 이만한 사람이 없겠다 싶을 정도로 호감이 가고 존경할 수 있는 그런 사람이었습니다. 오죽하면 이 사람 놓치면 평생 후회할 것 같아 대학 진학도 포기하고 결혼했겠습니까?

그런데 제가 주님을 만나 뜨겁게 신앙생활을 하다보니 남편의 그 모든 장점도 주님을 믿지 않으면 모두 헛것이라는 사실을 깨닫게 되었습니다. 무엇보다 남편을 전도하는 게 급선무였습니다. 남편은 고등학교 때 세례는 받았지만 그후 교회생활을 해본 적도 없고 먼저 간 아들이 죽음의 문턱을 들락거릴 때 잠깐 하나님께 매달렸을 뿐 저처럼 그 일이 계기가 되어 교회에 발을 들여놓지는 않았습니다. 다만, 제가 교회생활 하는 것에 대해 방관하는 자세로 일관할 뿐이었습니다. 아니, 오히려 제가 교회생활 하는 것을 어느 정도 긍정적으로 바라보는 것 같았습니다. 하지만 정작 본인은 교회에 나가지 않았습니다. 그러면서도 남편으로, 아버지로 그렇게 좋은 사람은 없다 싶을 만큼 착실했습니다. 성실하고 책임감이 강하다보니 자기가 하는 일에만 철저하게 매달릴 뿐 다른 곳에 눈을 돌리지 않았습니다.

기도에 매달리던 제가 하루는 이런 기도까지 했습니다.

"하나님, 어떤 어려움이 생겨도 좋으니, 남편이 교회 나가게 해주십시오."

말하자면 "남편의 믿음을 위해 시련이라도 허락해주십시오"라는 기도였습니다.

남편과 동역하기까지

하나님께서는 저의 그 기도에 즉각 응답해주셨습니다. 남편에게 곧 시련이 닥쳤습니다. 당시 남편이 회사에서 맡고 있던 일이 모종의 사기 사건에 휘말려들면서 잘못하면 남편에게 큰 불이익이 돌아올지도 몰랐습니다. 그저 바르게만 살아온 남편은 그 일로 너무나 힘들어했습니다. 마음을 다스리지 못해 안절부절못했습니다. 상당히 많은 금액을 남편이 대신 물어주든지, 고소를 당하든지 해야 하는 형편에 처하고 말았습니다. 그때 제가 남편에게 이렇게 말했습니다.

"여보, 너무 힘들어하지 말고 우리가 그냥 그 돈을 물어줘요. 그리고 그 사람을 용서해요."

남편을 궁지에 몰아넣은 그 사람이 잠적해버렸기 때문에 모든 잘못을 남편이 뒤집어쓰게 되었으니 억울하기 이를 데 없었지요. 그런 상황이고 보니 남편은 제 말에 아무 대꾸도 하지 않았습니다. 수소문 끝에 그 사람의 집을 찾아냈다는 소식이 들렸고 남편은 당장에 그 집을 찾아갔습니다. 그런데 막상 찾아가보니 사는 형편이 말이 아니었나봅니다. 임신한 부인 혼자 지키고 있는 초라한 집에는 양식도 떨어져가고, 방에는 난방조차 되지 않더랍니다. 돈을 내놓으라고 하기는커녕 너무 불쌍해서 주머니에 있는 돈을 탈탈 털어주고 왔다고 했습니다. 그때 남편은 돌아오는 차 안에서 이렇게 결심했다고 합니다.

'이제부터 예수 믿는다. 이제부터 교회에 나가야겠다.'

그렇게 해서 남편은 교회에 첫걸음을 하게 되었습니다. 물론 그 뒤로도 남편은 그 일 때문에 문득문득 속상해 했습니다. 하지만 그럴 때마다 옆에서 제가 말했습니다.

"여보, 용서하고 살면 하나님께서 다 갚아주세요. 기도해봅시다. 혹시 알아요? 그 사람이 알아서 전화라도 걸어올지?"

그런데 며칠 뒤, 남편이 현관문을 열고 들어오며 대뜸 이렇게 말하는 것이었습니다. 혹시 기도했냐고, 그 사람한테 전화 오게 해달라고 기도했냐고 저에게 물었습니다. 그러면서 그 사람한테 전화가 왔는데 정말 미안하고, 앞으로 무슨 일을 해서라도 그 돈은 꼭 갚겠다고 말하더라는 것입니다. 남편은 그 사람의 그 말 한마디에 마음속에 맺힌 화가 다 풀렸나봅니다. 그후 남편은 더욱 교회생활에 열심을 내게 되었습니다.

남편은 지금도 저와 함께 과천교회를 섬기고 있습니다. 때때로 주위 사람을 전도하여 함께 교회에 나오기도 합니다. 이제는 제가 힘들어할 때 신앙적인 권면의 말을 건네주기도 합니다.

이런 남편 덕에 저는 오늘도 신나게 사역하고 있습니다.

주여 지난 밤 남편 꿈에 비엇으니

남편까지 열심히 신앙생활을 하게 되자 저는 더욱 신이 났습니다. 하나님께서 힘을 실어주시니 저는 감사한 마음에 더욱 전도에 박차를 가했습니다. 그런데 어느 날부터인가 주위의 목사님들로부터 신학을 공부하라는 권유를 자꾸 듣게 되었습니다. 저 또한 성경에 대해 좀더 공부해야겠다는 생각이 들어 노회에서 운영하는 성서신학원을 2년간 다니며 공부했습니다. 그러자 이왕 공부를 시작했으니 끝까지 해보라는 권유가 끊이지 않았습니다. 부흥사 목사님들은 말할 것도 없고 노량진교회 목사님까지 적극적으로 공부해볼 것을 권하셨습니다.

'이 나이에 공부를 다시 시작하라니, 지금도 가정 돌보랴 전도하랴 시간이 부족한데 어떻게 공부까지 감당한담?'

저는 망설였습니다. 제 성격이면 외교관을 하라고 해도 잘할 거라고 하시며 꼭 대학가기 바라시던 친정아버지 생각도 났습니다. 하지만 여러 가지 이유로 공부는 힘들겠다는 생각이 들었습니다. 그래서 목사님께 그렇게 말씀드렸습니다.

그런데 집에 돌아와서 갑자기 생각이 바뀌었습니다. 목사님께서 그렇게 강력하게 권하시는 데는 이유가 있을 거라는 확신이 들면서 그것이 하나님의 뜻이 아닐까 하는 마음이 들었습니다. 그 마음이 들자 바로 서울 장신대 3학년 편입을 생각하게 되었습니다.

이번에는 남편이 반대했습니다. 다른 공부라면 얼마든지 해도 괜찮지만, 신학공부는 안 된다는 것입니다. 남자들이 갖는 보편적인 편견에서 남편 역시 자유로울 수는 없었나봅니다. 서울 장신대 3학년으로 편입하려고 사다놓은 원서를 놓고 저는 기도하기 시작했습니다. 하나님의 뜻이라면 남편의 마음을 움직여달라고 기도했습니다. 제 마음은 일단 본격적인 신학공부를 시작해보리라는 결심이 선 시점이었기 때문에 새벽 2시건 3시건 눈이 떠지면 곧바로 예배당에 올라가 기도하기 시작했습니다.

그런데 하루는 3시쯤 눈이 떠져서 일어나는데 남편이 잠꼬대처럼 혼잣말 하는 소리가 들렸습니다.

"참, 이상하다. 이 사람이 누구길래 천사가 돕지?"

그 소리에 저는 놀라서 남편을 깨웠습니다. 그러자 남편이 똑같은 꿈을 두 번이나 꿨다면서 꿈 얘기를 들려주었습니다. 장소는 어느 산골짜기인데 제가 그곳에서 아파서 죽어가더랍니다. 그래서 사람들이 저를 구하려고 백방에서 와서 치료를 하는데도 도무지 낫지 않더랍니다. 그러자 위에서 하늘 문이 열리고 천사가 내려오더니 저를 어느 곳엔가 안아다 눕히고는 어떤 의사에게 손짓을 하니 그 사람이 와서 저를 치료해주었답니다. 그러자 곧 건강해지더라는 얘기입니다. 천사가 이런 말도 남겼다고 합니다. 김 집사가 어려운 일을 당하면 다시 와서 도와주겠다고.

남편은 그날의 꿈에 감동이 되었는지 선뜻 "당신, 신학공부해라" 하고 말했습니다. 아무튼 남편의 꿈 덕에 쉽게 허락이 떨어졌고 남편의 그러한 외조로 장신대를 무사히 졸업하였습니다. 지금은 장신대 신대원 3학년에 재학중입니다.

그날로 지금까지 남편은 제가 교회 사역하는 일이 모두 하나님의 뜻이라 믿고 이해해주고 있습니다. 밤늦게 심방갈 일이 생기거나 새벽에 교인들에게 급하다는 전화가 걸려와도 이제는 그것을 당연하게 받아들입니다. 때로는 작정기도를 하느라 예배당에서 꼬박 밤을 지새워도 무어라 그러는 법이 없습니다. 주님께서 남편의 마음에 역사하셨으니 망정이지, 안 그랬으면 제가 지금처럼 뛰어다닐 수 있겠습니까? 모든 것을 평안하게 예비해주신 주님께 감사할 따름입니다.

여보, 난 참 행복해

그렇지만 남편을 보면 늘 미안한 생각이 앞섭니다. 제가 아무리 집안 살림이며 내조에 신경을 쓴다고 해도 보통 주부들에 비하면 훨씬 못 미치는 게 당연합니다. 그래도 남편은 늘 너그러운 태도를 보여줍니다. 하지만 불만이 없을 수 없다는 것을 잘 알기 때문에 늘 감사하게 생각합니다.

그런데도 남편은 저녁 8시 반이면 어김없이 집에 들어옵니다. 그리고 미처 제 손길이 미치지 못하는 부분을 채워나가고 있습니다. 사역이며 공부 때문에 저녁을 차려주지 못할 때가 태반이며 남편보다 늦게 들어갈 때도 부지기수지만 불평 한번 하는 것을 본 적이 없습니다. 그래서 저는 제가 받은 복 중 가장 큰 복이 남편이라는 생각을 하고 있습니다. 아무리 미안하다고 말해도 미안한 마음을 다 갚을 길이 없습니다.

하루는 제가 모처럼 남편보다 일찍 집에 들어가게 되었습니다. 저는 저녁식사를 정성껏 마련했습니다. 남편이 퇴근하여 돌아오자 반갑게 맞아주었고 함께 식사를 했습니다. 여느 가정에서는 흔히 볼 수 있는 광경이겠지만 저희 집에서는 오랜만에 보는 진풍경이었죠. 부부가 서로 얼굴을 맞대고 저녁식사를 하다니….

맛있게 식사를 하던 남편은 갑자기 이런 말을 던집니다.

"여보, 참 행복하다. 그치?"

그러더니 성도들에게 행복에 대한 설교를 한번 해보라고 권합니다. 참행복이 무엇인지, 주 안에서 누리는 행복이 무엇인지 설교해보라고 합니다. 자신이야말로 참 행복한 남자인 것 같다면서 말입니다. 저는 그때 생각했습니다.

'이 사람이 무엇 때문에 행복할까? 부인이 밥상 한번 차려주지 않는데, 옆에서 기분 좋게 애교를 부리는 것도 아닌데 이 사람은 무엇 때문에 행복하다고 하는 걸까? 이 사람은 역시 상식적인 수준의 행복

을 누리는 사람이 아니다.'

이런 생각이 들었습니다. 남편이 누리는 행복감이야말로 하나님께서 주시는 마음이란 생각이 들었습니다.

그래서 제가 전도팀에게 이런 짤막한 간증의 말을 했습니다. 하나님께서 우리를 쓰시려면 남편에게 행복한 마음을 그냥 불어넣어주시는 것 같다고, 그렇지 않고서야 그런 환경에서 어떻게 행복을 느끼겠느냐고, 행복은 역시 환경에서 오는 게 아니라 하나님께서 부어주시는 마음에서 오는 것이라고 말입니다.

전도도 하고 간호도 하고

저희 가족 구원에서 손아래 시누이 얘기는 빠트리면 안 됩니다.

그 시누이가 유방암에 걸리던 해, 저는 총동원전도주일을 앞두고 불철주야로 뛰어다녔습니다. 전도를 참 많이 했던 해입니다. 그런데 시누이의 유방암이 급속도로 진전되어 폐와 뇌까지 전이되고 말았습니다. 그 사이 저는 고모 간호차 상계동 집에 들러 같이 병원에 갔다가 다시 데려다주고 집으로 돌아온 후 철야하는 날들을 보내고 있었습니다. 그런데 병이 깊어지자 의사는 이제 더 이상 병원에 오지 말라고 했습니다. 며칠 안에 임종을 맞을 테니 병원에 올 필요가 없다는 것이었습니다.

저는 어떻게 해야 하나 고심을 하게 됐습니다. 마침 총동원전도주일을 한 달 앞두고 있어서 몹시 분주했습니다. 그래도 저는 전도와 고모의 병간호 중 어느 하나도 포기할 수 없었습니다. 고모는 대소변을 받아내야 하는 형편이라 제 손이 꼭 필요했고, 또 전도주일에 맞추어 사귀어둔 여러 영혼들에게 이제는 본격적으로 복음을 전해야 할 시점이었습니다. 생각다 못해 저는 남편에게 말했습니다.

"여보 우리, 고모를 우리집에 데려다놓으면 어때요?"

남편은 제 말을 듣고 염려스러운지 이렇게 묻습니다.

"우리집에 있다가 초상이 나면 어떡하지?"

"그것도 하나님의 뜻이라 생각하고 감당해야지요."

저희는 곧 고모를 집으로 모셔왔습니다. 고모와 함께한 한 달이라는 시간은 참 눈물겨웠습니다. 고모에게는 너무나 미안한 시간들이었습니다. 새벽기도를 마치고 돌아와서 아침밥을 해서 식구들을 먹이고 출근시킵니다. 그 다음에는 고모를 씻긴 후 따로 식사를 차려드리고 복음성가를 틀어줍니다.

"고모, 나 얼른 한 집만 가서 전도하고 올게요."

복음성가를 틀어준 다음 고모 눈치를 보며 한 집만 전도한다고 나서도 한 시간도 걸리고 두 시간도 걸렸습니다. 딱 한 집만 갔지만 거기에서 복음을 전하고 이야기를 들어주다보면 두 시간이 지나가는 건 순간이기 때문입니다.

그렇게 갔다 오면 고모가 소변이 마려워서 어쩔 줄 몰라 할 때도 있었습니다. 때로는 참다못해 옷에 일을 치르고 멀뚱멀뚱 저만 눈 빠지게 기다리고 있는 모습도 보았습니다. 그런 고모의 모습을 볼 때마다 저는 너무나 미안해서 어떻게 할 수가 없었습니다.

"고모, 미안해요. 정말 미안해요."

고모를 깨끗이 씻기고 자리를 돌봐준 다음 식사를 챙겨줍니다. 하지만 저는 다시 제가 만나야 될 영혼들이 눈에 밟혔습니다. 도저히 견딜 수가 없습니다.

"고모, 나 딱 한 집만 더 갔다 올게요."

암 말기 시누이와 같이 한 전도

지금도 그때를 생각하면 고모에게 너무나 죄송스러워서 눈물이 납니다. 그렇게 하루하루 흘렀습니다. 저는 하루 종일 30분, 1시간, 2시간 간격으로 집안을 들락거렸습니다. 그리고 전도주일을 이틀 앞둔 26일이 되었습니다. 이제 최종 점검을 해야 하는 시간이라 귤을 두 박스 사다놓고 봉지에 나눠 담아놓았습니다. 그동안 전도해온 집을 다시 한번 방문하기 위해서였습니다.

고모에게 사정을 말하고 얼른 갔다 온다는 게 그만 두 시간이 걸리고 말았습니다. 꼭 나온다고 약속하신 분이 다시 그 말을 번복하는 바람에 붙잡고 설득하느라 그렇게 시간이 오래 걸린 것입니다. 집으로 돌아오면서 고모가 너무나 걱정이 되기 시작했습니다. 애가 탔습니다. 아니나 다를까, 집에 들어서자 고모가 울고 있는 게 보였습니다. 저는 얼른 다가가서 손을 잡고 용서를 구했습니다.

"고모, 미안해요. 정말 미안해요. 이제 이틀 남았어요. 이틀만 봐줘요. 그러면 내가 고모 옆에 쭉 있을게. 어떡해요? 너무 미안해요. 정말 미안해요."

그러자 고모는 작은 목소리로 입을 열었습니다.

"언니, 내가 우는 건 그 때문이 아니예요."

"아니 그럼…?"

"첫째는 언니한테 미안해요. 혼자 누워 있으면서 언니 전도하는 모습을 보니까 생각이 많아졌어요. 내가 과연 하나님 앞에 섰을 때 내놓을 게 뭘까? 그걸 생각하니까 내놓을 게 아무것도 없는 거예요. 나는 전도도 못하고 살았는데…. 그것도 너무너무 가슴 아픈데, 심지어 나는 죽어가면서까지 언니 전도하는 것을 방해하는 사람이 돼버렸잖아요. 그게 마음이 아파요."

그 말을 듣는 저도 가슴이 쓰려왔습니다.

"고모, 이번에 전도한 건 내가 한 게 아니라 고모가 한 거예요. 만일 고모가 나를 못 가게 했으면 내가 어떻게 전도했겠어요? 내가 전도한다고 내딛은 걸음은 내 걸음이 아니에요. 고모 걸음이에요."

그렇게 고모를 위로하고 방을 나오는데 어찌나 마음이 아프고 몸도 고달픈지 밖으로 나가서 벽을 붙잡고 엉엉 울었습니다. 딸아이도 저를 붙잡고 "엄마, 힘들지?" 하며 엉엉 울어댔습니다. 그때 마침 남편이 퇴근하고 들어오다가 서로 붙잡고 우는 우리 모녀의 모습을 보았습니다. 남편은 제게 다가와 제 손을 꼭 잡고 말했습니다.

"여보, 우리 이제부터 남이 하기 싫어하는 일만 하고 살자. 내가 당신을 많이 도와줄게."

그 남편의 말이 제게 얼마나 큰 위로가 되었는지 모릅니다. 집에 들어서자마자 외투를 벗고 설거지를 하겠다고 달려드는 남편의 등을 보고 있으니 어느덧 제 눈에서 눈물이 사라져버렸습니다.

천국에서 나누는 인사

다음 날 27일이 되었습니다. 총동원전도주일을 하루 앞둔 날이었지요. 고모의 병세는 날로 악화되어 우리는 서서히 죽음을 준비해가고 있었습니다. 고모도 저도 한 시간이 다르게 마음의 준비를 해나갔습니다. 그러면서 고모도 저도 어느새 같은 마음이 되어, 구원받을 영혼들을 향한 동일한 간절함으로 전도하고 기도했습니다. 고모는 방 안에서 고통 가운데 기도했습니다. 제가 만나는 사람들의 마음을 감화 감동시켜 달라고…. 고모 또한 머지않아 가게 될 천국을 생각하고 있던 터라 구원받을 영혼에 대한 마음이 남달랐으리라 생각합니다.

어느덧 27일 밤 10시가 되었습니다. 그런데 가만히 따져보니 최종 확인을 못한 집이 두 집 있었습니다. 아직 귤 두 봉지가 남은 것입니다. 저는 먼저 다급하게 기도부터 드렸습니다.

"하나님, 제발 그 집에 불이 켜져 있게 해주세요."

모두 잠들어 있다면 차마 그 집 초인종을 누를 수 없을 테니까요. 그렇게 기도한 후 귤 두 봉지를 들고 집을 나섰습니다. 아예 철야기도 준비까지 하고 얼른 뛰어갔습니다.

다행히 첫 집에는 불이 켜져 있습니다.

"애기엄마!"

"누구세요?"

"나, 노량진교회 김 집사인데 저기, 내일 교회 꼭 좀 나오시라고…."

그러면서 귤 봉지를 건네자 알았다고 대답합니다.

이제 마지막 한 집이 남았습니다. 그런데 그 집에는 뜻밖에도 문이 활짝 열려 있었습니다. 마침 그 집 애기아빠가 퇴근했는지 마당에 있는 수도를 틀어놓고 막 씻고 있는 중이었습니다.

"애기엄마!"

"아니, 이 밤중에 웬일이세요?"

"아, 내일 우리 교회 총동원주일인 거 알지요? 내일 꼭 교회 나오시라고요."

제 말에 애기엄마는 웃으며 말합니다.

"안 그래도 지금 우리 애기아빠한테 내일 교회 가자고 얘기하고 있었어요."

그 얘기를 듣자 저는 가슴이 뭉클했습니다. 귤 봉지를 건네주고 돌아서 나오는데 눈물이 줄줄 흘러내렸습니다.

"하나님, 이게 바로 응답이군요. 하나님, 너무 감사합니다."

저는 바로 예배당에 올라갔습니다. 수첩에 적힌 한 사람 한 사람의 영혼들을 주님께 아뢰었습니다.

"하나님, 이들의 이름이 하나님의 생명책에 기록되게 하여주시고, 영원히 지워지지 않도록 이들의 신앙을 지켜주십시오."

저와 시누이가 함께 했던 그 한 달간의 전도, 그 성과는 다음 날 여지없이 드러났습니다. 1부 예배, 2부 예배, 3부 예배를 통 틀어 약 40여 명이 교회에 나왔습니다. 한 사람, 한 사람을 꼽아보고 확인한 후 저는 그 자리에서 울었습니다.

"하나님, 감사합니다. 너무너무 감사합니다."

그때 저는 또 다시 기도했습니다. 처음에는 할 수 없는 형편, 어려운 형편 가운데 처하게 하신 하나님께 감사기도를 드렸고, 두 번째는 앞으로도 어떤 어려운 형편에 처하더라도 핑계치 않고 달려가겠다는 고백의 기도를 드렸습니다.

그후, 시누이는 평안히 천국에 들어갔습니다. 훗날 그 40여 명의 영혼들이 천국에 들어갈 때 그들이 시누이와 분명히 만나게 될 줄 믿습니다. 그때가 되면 모든 게 밝히 드러나서 그 사람들이 우리 시누이를 향해 이런 말을 할 것입니다.

"당신이 그때 기도해줘서 내가 주님을 알게 되었습니다. 정말 고맙습니다. 정말 감사합니다."

가족 구원의 과제

제가 결혼해서 시댁인 홍성에 갔을 때 손위 동서는 1년에 열한 번 제사를 지내고 있었습니다. 그때는 저도 물론 거기에 순종하며 살아 갔습니다. 그런데 제가 예수를 바로 믿고 보니 이래서는 안 되겠다는 생각이 들었습니다.

저는 외할머니 쪽으로 3대째 신앙을 물려받고 있었으나 결혼할 때 까지만 해도 날라리 크리스천이었습니다. 친정아버지가 일궈놓으신 부(富)와 명예를 누리며 편안한 신앙생활만 하고 있었으니 결혼과 함 께 그 신앙이 물거품처럼 사라져버린 것도 당연한 일이었지요.

그러나 예수를 바로 안 뒤 저는 친정 식구들의 신앙부터 하나씩 세 워가기 시작했습니다. 시댁 식구들을 대할 때도 가족 구원에 대한 부 담감이 작용했습니다. 그래서 저는 열심히 복음을 전했습니다. 하지 만 그들은 쉽게 받아들이지 않았습니다. '아, 이래서 가족 구원이 가 장 어려운 과제라고 하는구나'라는 생각이 들었습니다. 그 벽은 너무 나 완강하고 단단했습니다. 그렇게 많은 영혼들에게 복음을 전했는데 도 가족에게만큼은 잘 전해지지 않는 게 이상했습니다.

나중에는 기도밖에 없다는 생각이 들었습니다. 성령께서 그 마음을 주장해주시리라 믿고 간절히 매달렸습니다.

그러던 어느 날 시아버님이 홍성 도립병원에 입원하게 되었습니다. 그때 시아버님은 워낙 고령이셔서 말도 잘 못 알아들으시는 터라 남 편은 아버님을 간호하면서 종이에 복음을 써서 전했습니다.

"아버지, 예수 믿으셔야죠."

그렇게 쓴 종이를 보여드리면 아버지는 남편에게 너나 믿으라고 말 씀하셨습니다.

보다 못한 제가 "예수 믿어야 천국 가세요"라고 말씀드렸습니다. 이번에는 말씀도 안 하시고 가만히 계십니다. 저는 몹시 안타까웠습니다. 만일 시아버님이 예수를 영접하지 못하고 돌아가시면 남은 자식들이 얼마나 괴로울까 하는 생각이 들었습니다.

시아버지의 "아멘!"

그 사이 서울에 볼 일이 있어서 밤 기차를 타고 서울로 올라와야 할 일이 있었습니다. 그동안 병원에서 밤을 새는 일이 많았기 때문에 온몸이 물에 젖은 솜처럼 가라앉고 힘이 없었습니다. 잠깐 눈을 붙인 사이에 서울에 도착했는데 몸이 몹시 무거웠습니다.

오랜만에 집에 돌아온 저는 곧 쓰러질 것만 같았습니다. 이불을 펴고 잠을 청하려고 하는데 제게 성령의 탄식하는 소리가 들려왔습니다. 성령께서 저를 잠들지 못하도록 막으십니다. 빨리 예배당에 가라고만 하십니다. 저는 순종하는 마음으로 몸을 일으켰습니다.

'그래요, 주님, 제가 자더라도 예배당에 가서 자겠습니다.'

마음속으로 그렇게 고백하며 집을 나서는데 성령께서 또 말씀하셨습니다.

"아니다. 가서 기도해라. 기도해야 한다."

그날도, 그 다음 날도 저는 꼬박 철야를 했습니다. 아버님을 위해 집중적으로 기도했습니다. 그러다가 새벽녘에 잠깐 잠이 들었는데 꿈속에서 천군천사의 노래 소리가 들려왔습니다. 그리고 그 속에서 아버님의 음성이 들렸습니다. 아버님은 "내가 예수 믿는다"고 말씀하셨습니다. 그러나 깨어보니 꿈이었습니다. 집으로 돌아와서 집안 청소를 하는데, 다시 그 꿈 생각이 났습니다. 저는 다시 무릎 꿇고 기도를 드렸습니다. 바로 그때 전화벨이 울렸습니다. 시골 형님이었습니다. 아버님께서 방금 임종하셨으니 빨리 내려오라는 연락이었습니다.

자세한 내용도 듣지 못한 채 홍성으로 급히 내려가면서 마음이 초조했습니다.

'하나님, 만일 아버님이 구원받지 못했으면 어떡하죠?'

그런 마음이 들어 가슴을 졸이면서 한달음에 달려내려 갔지요. 거기에는 엄청난 간증이 저를 기다리고 있었습니다.

시아버님이 아프시기 전부터 서울에 사시는 형님과 손아래뻘 시누이는 예수를 잘 믿는 분들이었습니다. 오로지 아버님과 시골 큰형님만이 예수를 믿지 않고 있었지요. 그런데 막상 자식들이 아버지의 임종을 지켜보려고 하니 무서운 생각이 들더랍니다. 너무 무서워서 그곳에 앉아 있을 수가 없을 정도였다고 합니다. 모두들 덜덜 떨고 있는데 시아버님께서 갑자기 "애들아, 가서 목사님 모셔오너라"고 하셨답니다.

서울 형님은 얼른 근처 교회 목사님께 전화를 드렸습니다. 그 목사님은 목사님대로 제주도로 가셨다가 다음 날 오기로 되어 있었는데 빨리 교회로 가봐야겠다는 마음이 들어서 일정을 앞당겨서 금방 사택으로 돌아오신 시각에 전화를 받으셨습니다. 목사님은 부리나케 달려오셔서 기도해주셨는데, 시아버님은 목사님의 기도 끝에 "아멘!"이라고 분명히 화답하시고 눈을 감으셨습니다. 그 순간 임종을 지켜보던 자식들은 하나같이 무서움이 싹 가시는 것을 느꼈다고 합니다.

그 간증을 듣고 얼마나 감사한지, 아버님이 구원받고 천국 가셨다는 사실에 저는 정말 감격스러웠습니다. 그렇습니다. 믿지 않는 내 부모님을 위해 눈물 흘리며 기도할 때 하나님께서는 반드시 그 기도에 응답해주십니다. 그 영혼을 사랑하는 마음으로 간절히 기도할 때 그 기도는 절대로 땅에 떨어지지 않습니다.

그런데 한 가지 아쉬운 일이 있었습니다. 시골 형님이 그 모습을 보고도 예수를 믿지 않는 것입니다. 저는 자주 전화를 드리면서 복음을 전했습니다.

"형님, 예수 믿으세요. 예수 믿으시면 열한 번씩 제사 안 지내도 돼요."

그러면 형님이 그러십니다.

"아니 조상들한테 제사 안 지내면 그 벌을 누가 받으려고 제사 지내지 말라고 그러는 거야?"

저는 기복적인 마음으로 제사를 지내는 형님네 가정을 위해 매일 기도를 드렸습니다.

그러던 어느 날, 전화가 걸려왔습니다. 시골 형님이 갑자기 하혈하여 도립병원에 갔는데 거기서는 손을 쓸 수 없는 상태이니 얼른 서울로 올라가라고 했다는 것입니다. 남편과 저는 부랴부랴 시골로 내려갔습니다. 그리고 도착하자마자 형님 손을 붙잡고 기도했습니다. 그런데 놀라운 일이 일어났습니다. 기도하는 그 순간 하혈이 멈췄고 형님은 그 사실에 너무나 놀라워했습니다. 저희는 하나님께 영광을 돌리며 형님께 권했습니다.

"병원에 갈 게 아니라 당장 교회 나가서 예배드립시다."

형님은 순순히 그러겠다고 했습니다. 형님은 그 시간부터 예수쟁이가 되었습니다.

그러면서 그 해 첫 제삿날이 돌아왔습니다. 아직 신앙이 어린 형님은 교회에 나가면서 제사를 지내기는 그렇고, 안 지내자니 찜찜한 생각이 들었는지 이런 제안을 해왔습니다. 음식상을 차려놓고 추도예배를 드리자는 것이었습니다. 그래서 음식상을 차려놓고 식구들이 빙둘러앉아 예배를 드렸습니다. 그런데 시골이다보니 여름에 파리가 얼마나 많은지 예배를 드리는 동안 상에는 온통 파리가 시커멓게 몰려들었습니다.

음식상에 몰려든 파리 때문인지 예배가 끝나자 시아주버니가 말씀하셨습니다. 다음부터는 상도 따로 차리지 말고 그냥 추도예배만 드리자고 말입니다.

그때부터 우리 시댁에는 제사가 완전히 없어졌습니다. 1년에 열한 번이나 지내던 제사도 없어지고 시아버님 시어머님 추도예배만 드리게 되었습니다. 뿐만 아닙니다. 나중에 큰 조카는 목사 사모가 되었습니다. 큰집의 막내조카도 장신대학원에서 신학을 공부하고 있으며 지금은 저와 같이 과천교회를 섬기고 있습니다. 저는 제게 조카가 되는 그 전도사님이 하나님의 복음을 증거하면서 주의 종으로 쓰임받는 모습을 볼 때마다 이런 생각을 하곤 합니다.

'하나님께서 하시는 일은 참 오묘하다. 한 사람을 복음증거하는 자로 쓰시려고 주님 안에서 나와 우리 가정과 그의 가정까지 바꾸어놓으셨구나…'

전가족의 구원은 돌아볼수록 감격스러운 일입니다. 그리고 이 사실을 잊지 않게 됩니다. 나의 고생, 나의 헌신과 눈물로 인해 기뻐하는 이들이 있다는 것, 바꿔 말해서 나의 헌신과 눈물을 통해 다른 형제에게 기쁨과 평강을 가져다줄 수 있다는 것을 말입니다.

　나의 잃음, 나의 베풂, 나의 희생, 나의 헌신을 통해 다른 형제가 세워져간다는 사실을 생각하면 더 이상 나의 헌신이 헌신이 아니라고 고백할 수 있습니다. 기쁨이요, 삶의 활력이란 사실을 깨닫게 됩니다. 기독교인의 삶이 바로 그런 것이라고 깨닫고 나자 저는 죽는 날까지 그런 삶을 살고 싶다는 소망을 갖게 되었습니다.

가계에 흐르는
미신의 저주를 끊어라

우리 안에 주님이 들어오시면 미신에 얽매이던 사슬을 과감히 끊을 수가 있습니다. 아무렇지도 않게 자유롭게 살 수 있습니다. 저도 사실은 장례식장에도 잘 못 가던 사람이었습니다. 밤에 초상난 집 근처를 지나가는 것도 무서워했던 사람입니다. 하지만 지금은 시신이 있는 방안에서 혼자 예배를 드린대도 평안합니다.

그날만을 기다리며

전도를 하다보면 별의별 사람들을 다 만납니다. 직업의 다양함, 성격의 다양함, 사는 모습의 다양함에 때로는 놀라기도 하고, 재미있기도 합니다. 그런데 놀라운 것은 그 다양한 사람들이 주님을 믿으면 성령 안에서 하나가 된다는 사실입니다. 교회란 바로 그런 곳이지 않습니까? 각자의 처지나 형편이나 사는 방식, 성격, 기질이 다른데도 한 하나님을 모시는 곳, 그리스도의 피로 한 형제가 되고 자매 된 사람들이 모여 한마음으로 주님을 찬양하는 곳이 바로 교회입니다.

이 사실이 놀랍지 않습니까? 저는 과천교회 전도대원들이 전도해 오는 사람들을 보면서 이 사실에 감탄할 때가 참 많습니다. 교수, 의사, 검사, 판사로부터 주부, 학생, 외판원, 행상인, 실업자 등 각종 직업의 사람들이 한 교회에 모여 옛모습을 버리고 새로운 피조물로 거듭난다는 사실이 놀랍고 신기합니다. 특히 각종 우상을 섬기던 사람들, 앞장서서 우상의 하수인처럼 살던 사람들이 모든 것을 버리고 주님 앞에 나아올 때는 주님의 위대하심에 더욱 감격합니다. 과천교회에는 우상을 버리고 주님께로 나온 사람들이 많습니다. 성령께서 역사하시자 그들은 각종 우상의 찌꺼기들을 아낌없이 버리고 교회로 나왔습니다.

여기 소개하는 가정은 과천교회가 아닌, 노량진교회의 한 가정입니다. 노량진교회에서도 우상을 버리고 주님께로 나오는 사례들이 참 많았습니다.

민수(가명)네 집은 보통 집과는 전혀 다른 집안이었습니다. 저는 당시 중등부 교사를 하고 있어서 특히 중등부 아이들에게 관심이 많았습니다. 그중 민수란 아이가 있었는데 전도되어 교회에 몇 주 나오다가 그후 교회에 나오지 않았습니다. 왜 그런지 알아보다가 그 아이의 할머니가 무당이란 사실을 알게 되었습니다. 말하자면 민수는 교회에 나오다가 할머니께 들켜 성경책도 찢기고 머리카락도 잡힌 모양이었습니다. 그 무당할머니가 돌아가시기 전까지 아마 민수가 절대 교회에 나올 수 없을 거라는 말도 들려왔습니다.

저는 민수네 집으로 심방을 갔습니다. 그러자 민수 엄마가 대문 밖으로 저를 쫓아냈습니다. 절대 집안으로 들어가선 안 된다고, 교회에서 왔다는 걸 할머니가 아는 날에는 난리가 난다는 것입니다. 그래서 제가 민수 엄마에게 말했습니다.

"그럼 민수 엄마, 나중에 민수 할머니가 돌아가시면 민수 엄마는 예수 믿을 거예요?"

민수 엄마는 "그러마"고 약속했습니다. 지금 같았으면 그 할머니를 전도하려고 무던히 애썼을 텐데 당시에는 제가 조금은 연약했던가봅니다. 저는 그저 기도하면서 그 할머니가 돌아가시기만(?) 기다렸습니다. 그때가 되면 민수 엄마도, 민수도 전도해서 교회로 데리고 나와 야겠다고 생각했습니다.

시작된 영적 싸움

어느새 3년의 세월이 흘렀습니다. 어느 날, 무당할머니가 죽었다는 소식이 들려왔습니다. 저는 심방가방을 챙겨서 그 집에 들어갔습니다. 민수 엄마가 저를 보더니 "어머, 웬일이세요?"라며 맞았습니다. 저는 3년 전의 약속을 떠올렸습니다.

"민수 엄마, 3년 전에 할머니가 돌아가시고 나면 예수 믿겠다고 저와 약속하셨잖아요. 그 약속 믿고 이제까지 민수네 가정을 위해 기도했어요. 이번 기회에 예수 믿으세요."

그렇게 말하며 전도를 하고 있는데 옆에 보니 하얀 커튼이 드리워져 있는 게 보였습니다.

"웬 커튼이 방 가운데 있어요? 웬 거예요?"

들춰봤더니 그 커튼 안에는 무당할머니가 쓰시던 소품들이 가득했습니다. 각종 불상이며 우상의 찌꺼기들이 그곳에 한데 모여 있었습니다. "왜 저걸 여태 그냥 두고 있느냐?"고 묻자 그 사연이 기막혔습니다. 할머니가 돌아가신 후 어떤 젊은 중이 그것들을 치워주기로 했는데, 하필이면 불상을 버리기로 한 날 갑자기 죽었다는 것입니다. 때마침 민수 아빠도 시름시름 앓기 시작했는데, 어디 점집에 가서 물어보니 어머니의 신(神)이 민수 아빠에게 내려서 민수 아빠는 꼼짝없이 무당을 해야 한다고 했답니다.

그래서 제가 민수 엄마에게 말했습니다.

"민수 엄마, 예수 믿으세요. 누가 요즘 무당집에 사위로 들어오고, 누가 무당집 며느리가 되고 싶어 하겠어요? 이번 기회에 예수 믿으세요. 제가 이 가정을 위해 3년 동안이나 기도했습니다. 그러니까 이제 믿을 때가 된 거예요. 예수를 믿으면 신이 내리다가도 열 길로 달아나 버려요. 이번 기회에 예수 믿읍시다."

저는 아주 담대하게 선포했습니다. 그리고 그날부터 민수네 가정을 위해 금식하며 기도했습니다.

마침내 주일이 돌아왔습니다. 민수네 집에 가서 "함께 교회 가자"며 막무가내로 떼를 썼습니다. 민수 엄마는 안 간다고 실랑이를 벌이다 가 저의 강압에 못 이겨 교회에 나갔고 등록까지 했습니다.

그런데 문제는 다음 날이었습니다. 저는 무언가 영적 싸움이 일어날 거라는 생각을 하고 미리 기도하고 금식까지 하며 작정하고 있었습니다. 민수 엄마는 전화를 걸어서 "교회를 나가지 말았어야 하는데 괜히 교회를 갔다"며 투덜거렸습니다. 이유인즉슨 교회를 갔다 온 뒤로 민수의 동생 민정이가 중이염이 터져 용산 중대병원에 갔더니 수술을 해야 한다고 했다는 것입니다. 그러면서 다시 이 말을 덧붙였습니다.

"어휴, 내가 교회를 가지 말았어야 하는데…. 괜히 교회에 나가는 바람에 이렇게 된 거라고요."

그 말끝에 저도 이 말을 하고 잽싸게 병원으로 향했습니다.

"민수 엄마, 걱정하지 마. 괜찮을 거야."

애아빠도 전도해주세요

그날부터 저는 용산 중대병원으로 출근하기 시작했습니다. 갈 때마다 먹을 것을 사갖고 가서 민수 엄마에게 복음을 전했습니다. 하나님은 누구시고 예수님은 누구신지 전했습니다. 민정이 손을 붙들고 기도하며 하나님께 도와달라고 매달렸습니다. 민수 엄마에게도 격려를 아끼지 않았습니다. 걱정하지 말라고, 이번에 꼭 이겨내야 바로 예수님을 믿을 수 있다고, 수술하지 않고 퇴원할 수 있을 거라고….

그렇게 일주일이 지나서 토요일 저녁쯤 민수 엄마에게 전화가 왔습니다.

"집사님, 내일은 병원에 오지 마세요. 제가 알아서 교회에 갈게요."

저는 그러라고 했습니다. 과연 주일이 되자 민수 엄마는 교회에 나왔습니다. 우리는 함께 예배를 드리고 곧바로 병원으로 갔습니다. 그런데 의사가 우리에게 기쁜 소식을 전해주었습니다. 민정이가 퇴원해도 좋다는 것입니다. 수술하지 않고 통원치료해도 될 것 같다면서 말입니다.

우리는 너무나 기뻐서 서로 손을 붙잡고 감격해 했습니다. 저는 민수 엄마에게 이제부터 예수님을 더욱 바르게 믿고 살자고 말했습니다. 그러자 민수 엄마가 이럽니다.

"집사님, 우리 민수 아빠도 전도해주세요."

민수 아빠는 수요일에만 집에서 쉰다고 했습니다.

수요일이 되어 민수 아빠를 찾았습니다.

민수 아빠는 저와 안면이 없던 터라 어디서 왔는지 먼저 물었습니다. 노량진교회 김 집사라고 소개한 뒤 저는 민수 아빠에게 하나하나 차근차근 물어보았습니다. 알고 봤더니 민수 아빠도 초등학교 오륙학년 무렵 교회에 잠깐 나간 적이 있었다고 합니다.

"잘됐네요. 이번 기회에 예수 믿읍시다."

민수 아빠는 적대적이지 않았습니다. 다만 생각할 여유를 좀 달라고 했습니다. 저는 "그렇게 하세요"라고 하며 자리를 털고 일어섰고 그날 부터 민수 아빠를 위해 금식하며 철야하며 기도했습니다.

다음 주 수요일, 저는 다시 민수 아빠를 찾아갔습니다. 그런데 민수 아빠는 서류 하나를 들고 안절부절못하고 있었습니다.

"왜 그러세요, 민수 아빠?"

민정이가 통원치료를 받아야 해서 병원에 갔더니 의료보험 처리가 잘못되었는지, 개봉동 의료보험 조합에 가서 도장을 받아와야 한다는데 갈 사람이 없다는 것이었습니다.

"뭘 그걸 가지고 걱정하세요? 제가 내일 가서 해드릴게요."

저는 서류를 덥석 받아들고 이렇게 한마디 던졌습니다.

"오늘 저녁에 수요예배 드리는데 우리 교회에 같이 가요, 민수 아빠."

민수 아빠는 미안했던지 그러겠다고 합니다.

저는 얼른 교회로 돌아와서 기도를 드렸습니다. 그리고 저녁 6시 반쯤 되어서 민수 아빠를 데리러 다시 그 집으로 갔습니다. 그 집에 들어서자 마당에 서 있는 민수 아빠의 모습이 보였습니다. 담배를 피며 마당을 오가는데 또 다시 안절부절못하는 모습이었습니다.

"민수 아빠, 교회에 가시죠."

"아, 예."

민수 아빠는 엉겁결에 저를 따라나서면서 "허허 참…"이라는 말과 함께 담배를 버립니다.

한참을 같이 걸어오는데 민수 아빠 잠바 속이 더부룩해 보였습니다.

"민수 아빠, 그게 뭐예요? 거기 뭘 감추셨어요?"

민수 아빠는 겸연쩍은 듯 대답합니다.

"아, 이거요? 집사님이 사준 성경책입니다."

"성경책이요? 근데 왜 그걸 그 속에 감춰서 갖고 가세요?"

"예. 사람들이 보면 웃어요."

"아니, 왜 웃어요?"

그러자 민수 아빠는 자신의 생각을 솔직하게 털어놓습니다.

"아, 얼마 전까지만 해도 유명한 무당집 아들이었는데 어머니 돌아가신 지 얼마나 됐다고 성경책 들고 예배당에 가나, 다들 그럴 거 아닙니까?"

그래서 제가 자신있게 대답했습니다.

"아니예요. 민수 아빠. 우리 하나님은 결코 그런 하나님이 아니세요. 성경책 들고 당당하게 가세요. 아셨죠?"

제 말에 민수 아빠는 계속 "허허 참"을 연발하면서 성경책을 꺼내들고 교회로 향했습니다. 그렇게 해서 저와 민수 아빠는 함께 감격스러운 수요예배를 드리게 되었습니다.

불상을 치워버리다

예배가 시작되기 전, 예배당에 앉아 묵상기도를 드리고 있는데 갑자기 제 귀에서 뭔가 윙윙거렸습니다. 왜 그런가 싶어 눈을 떠보니 민수 아빠가 두 손으로 귀를 가린 채 안절부절못하고 있었습니다. 저는 곧바로 '아, 어둠이 역사하는구나' 싶었습니다. 통성으로 하나님 앞에 기도를 드렸습니다. 그러자 윙윙거리던 소리도 없어지고 민수 아빠도 안정을 되찾은 듯 두 손을 무릎 위에 가지런히 놓았습니다.

수요예배를 무사히 드리고 나서 민수 아빠는 집으로 돌아갔습니다. 그러나 불상을 치울 수 있는 기회는 이때다 싶은 생각에 교역자실로 가서 "목사님들, 우리 불상 치우러 갑시다"라고 제안했습니다. 목사님들도 모두 우르르 나왔습니다. 우리는 승용차 두 대에 나눠 타고 그 집으로 쳐들어갔습니다. 그때 그 집으로 가는 길이 얼마나 기쁘고 즐거운지 가슴속에 차오른 성령의 감격과 감동은 말로 표현할 수 없었습니다.

드디어 그 집에 도착했습니다. 저는 집안에 들어서자마자 "저 커튼 뒤에 있어요"라고 가리켰고, 용감한 목사님들이 들어가서 그걸 모두 끄집어내어 차에 실었습니다. 민수 아빠는 어쩔 줄 몰라하며 이렇게 말했습니다.

"안 돼요, 그걸 버리면 큰일납니다."

저는 이렇게 말했습니다.

"괜찮아요, 민수 아빠. 죽어도 내가 죽으니까 걱정하지 마세요."

우상의 찌꺼기들을 끄집어낸 다음 그 자리에서 모두 함께 예배를 드렸습니다. 민수 아빠는 무슨 일이 터질까 싶어 잔뜩 기가 죽어 있었습니다. 예배를 드린 후 우리는 민수 아빠를 안심시켰습니다. 그리고 교회로 가서 불상을 태우는데 얼마나 시커먼 연기가 나는지 하루 종일 태워도 다 타들어가지 않았습니다.

그날부터 저는 40일 동안 그 가정에 가서 매일 기도해주고, 말씀을 선포했습니다. 그러자 그 가정이 주(主) 안에서 세워지는 게 보였습니다. 민수 아빠와 엄마의 믿음이 봄날 새싹처럼 파릇하게 올라오고 있었습니다.

최악의 꿈, 최고의 꿈

그후 1년이 지났습니다. 어느 날, 민수 아빠가 제게 부탁을 했습니다.

"집사님, 내일이 우리 무당어머니 제산데, 목사님이 오셔서 예배 좀 드려주시면 안 될까요?"

"아, 드려야지요. 알겠습니다."

다음 날, 목사님을 모시고 예배를 드렸습니다. 그러자 민수 아빠가 말했습니다.

"제가 이상한 꿈을 꿨는데 이 꿈이 좋은 꿈인지 나쁜 꿈인지 모르겠어요."

"무슨 꿈인데요? 말씀해보세요. 제가 해석해드리겠습니다."

저도 워낙 꿈을 많이 꾸고 그 꿈에 시달려본 사람이라 꿈을 어떻게 해석해야 하는지 어느 정도 도가 터서 제가 자신있게 말했습니다.

민수 아빠가 말하길 꿈에 큰 구렁이가 안방에서 비실거리며 나가더니 마당에서 콕 고꾸라져 죽더랍니다. 그 꿈을 꾸고 난 후 민수 아빠는 어지간히 불안했던가봅니다.

예수 믿지 않는 사람들은 그런 꿈을 어떻게 해석합니까? 집안 망할 꿈이라고 해석합니다. 그러나 예수 믿는 사람들은 상식을 뛰어넘고, 일반적인 생각을 초월하여 사는 사람들입니다. 그 정도의 꿈에 얽매여 살지도 않을 뿐더러 세상적인 생각까지 뒤집어놓는 사람들입니다. 저는 자신있게 말했습니다.

"민수 아빠, 그 꿈은 예수 안 믿는 사람들에게는 집안 망할 꿈이지만, 예수 믿는 사람들에게는 최고로 좋은 꿈이에요. 그게 무슨 꿈인지 아세요? 지금까지 이 가정을 지배했던 사탄의 세력, 어둠의 세력이 탁 나가서 죽어버린다는 뜻이에요. 완전히 예수님의 권세가 이 가정을 살리시는 꿈이지요. 그러니 이보다 더 좋은 꿈이 어디 있겠어요?"

그 말을 하자 민수 아빠의 얼굴이 아침 햇살처럼 환하게 펴지기 시작합니다. 그리고 이런 말을 남깁니다.

"집사님, 예수 믿으니까 이렇게 좋은 걸, 왜 진작 믿지 않았나 몰라요."

어둠의 세력 가운데 생활해본 적이 있는 분들일수록 예수 믿는 기쁨, 그 자유, 그 평안함이 얼마나 소중한지 절감하게 됩니다.

"집사님, 저도 이제는 이렇게 좋은 예수님을 우리 친척들에게 소개해서 우리집안 전체를 복음화시킬랍니다."

그때 민수 아빠의 고백은 허풍이 아니었습니다. 그후로 지금까지 민수 아빠는 참으로 신실하게 신앙생활을 해오고 있습니다. 하나님께서 역사하시니 무당집이 변해 신실한 집사님 가정으로 탈바꿈한 것입니다.

영적 전쟁에서 이기는 비결

민수네 경우처럼, 영적 싸움이 예상되는 가정을 전도하는 일은 얼핏 보아서는 매우 어렵게 느껴집니다. 맞습니다. 우리 힘만으로, 내 화술이나 내 지혜만으로 그런 가정을 전도하기란 거의 불가능합니다. 설사 교회에 나오도록 하는 데는 성공했다 하더라도 뒷일까지 감당하기란 어렵습니다. 왜냐하면 인간은 사탄의 세력을 절대로 이길 수 없기 때문입니다. 하지만 주 예수 그리스도의 권세는 사탄의 권세를 물리쳤습니다. 하나님의 위대하신 능력 앞에 사탄은 열 길, 백 길로 도망갈 수밖에 없습니다.

예수를 믿는 우리는 그런 권세를 소유한 자들입니다. 이 사실을 믿는다면, 즉 어떤 권세도 능히 물리칠 예수님을 믿는다면 어둠의 역사를 물리치고도 남습니다. 그리스도인으로 살아간다는 것은 이처럼 엄청난 일입니다. 주님의 이름으로 나갈 때, 주님의 이름으로 기도할 때 엄청난 일들이 일어납니다.

우리 과천교회 전도대원들이 날마다 걷어오는 염주나 부적은 그리 놀랄 만한 일도 아닙니다. 어쩌면 당연한 사건들이 우리 가운데 날마다 일어나는 것인지도 모릅니다. 염주나 부적 따위야 당연히 그렇게 버려질 물건들이기 때문이지요.

우리가 주목해야 할 사건은 염주 하나, 부적 하나를 걷어오기까지 우리 전도대원들이 걷는 발자취입니다. 그 속에 담긴 기도의 양, 눈물, 사랑, 담대함 이런 것들이라고 생각합니다. 그것이 없으면 절대로 그런 우상의 찌꺼기들이 버려질 수 없습니다. 예수님의 사랑으로 기도하고, 예수님의 인내로 오래 참고, 예수님의 권세로 담대히 나아갈 때 염주나 부적, 액자 등은 맥을 못 추고 쓰레기통에 버려집니다. 사실 그런 물건 자체는 아무것도 아닙니다. 믿음이 없는 눈으로 살다보니 돌이며 그림 따위가 우상으로 여겨지고, 사탄의 역사가 벌어지는 것입니다.

우리가 걷어온 것에는 거북이 모양의 장식품도 있습니다. 거북이 장식품, 그것 자체가 무슨 효험이 있고, 무슨 능력이 있겠습니까? 그런데 사탄은 인간의 마음속에 두려운 마음, 무서운 마음을 심어주려고 그런 장식품을 이용하기도 합니다. 그것을 걷어오게 된 내력은 다음과 같습니다.

마음속에 누구를 모시고 있는가?

얼마 전, 전도를 하던 한 전도대원에게 연락이 왔습니다. 이러이러한 집이 있으니 빨리 와보라는 것입니다. 서둘러 가보니 새댁이 벌벌 떨고 있었습니다. 이유인즉 어느 날부터인가 결혼 집들이 선물로 받은 거북이 장식품 등에서 빨간빛이 쏟아져 들어온다는 것입니다. 다른 사람 눈에는 보이지 않는 그 빨간빛이 유독 새댁 눈에만 보였고, 그후로는 고춧가루나 토마토의 빨간색만 봐도 다 피로 보여서 정상적인 생활을 할 수 없는 상태가 되었다는 것이었습니다.

제가 보니 새댁이 참 여려 보였습니다. 마음이 여리고 혼자 있는 시간이 많은 사람에게는 상대적으로 그런 일들이 더 많이 일어나는 법입니다. 우리는 예수 이름의 권세로 어둠의 역사를 물리치는 대적기도를 했습니다. 그리고 거북이 장식품을 걷어온 다음 약 40일 정도 매일 기도해줬던 것 같습니다.

그런 것을 하나씩 걷어올 때마다 참 많은 생각을 하게 됩니다. 그것

예수 믿기 전에 지녔던 각종 부적과 불교 용품들. 작은 불상과 동자승, 부적과 영사가루 등을 전도 교육용으로 모아두었다. 영사가루란 부적을 쓸 때 물에 타서 사용하는 붉은색 염료로서 예수를 믿은 점쟁이에게서 수거한 것이라고 한다. 한 줌 정도 분량에 불과해도 시가로는 3백만 원어치라고 한다.

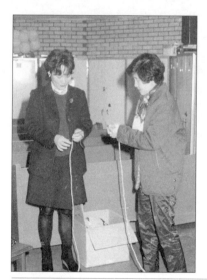

전도대 회장과 부회장이 1천 개의 구슬로 만들어진 염주의 양 끝을 매만지고 있다. 김인아 전도사가 그 염주를 들어 보이며 이 염주를 버리고 예수를 믿은 사람에 대해 간증하고 있다.

은 그 자체로 아무 힘도, 능력도 없는 한낱 장식품에 불과한데, 심령이 약해지거나 그 속에 공포심이 깃들면 그걸 만지지도 못한다는 게 우습다는 생각마저 듭니다. 우리 인간이 바로 그렇게 연약한 존재입니다.

그러나 우리 안에 주님이 들어오시면 미신에 얽매이던 사슬을 과감히 끊을 수가 있습니다. 아무렇지도 않게 자유롭게 살 수 있습니다. 저도 사실은 장례식장에도 잘 못 가던 사람이었습니다. 밤에 초상난 집 근처를 지나가는 것도 무서워했던 사람입니다. 하지만 지금은 시신이 있는 방안에서 혼자 예배를 드린대도 평안합니다. 주님께서 함께해주시기 때문입니다. 몇 백만 원짜리 부적도 그저 종이쪽지에 불과하다는 사실을 누구보다 잘 알고 있습니다. 그러니 그런 것들을 걷어올 때도 전혀 두려움이 없는 것입니다.

문제는 "마음속에 누구를 모시느냐"입니다. 평강의 왕이신 주님을 모시느냐, 두려움과 공포를 무기로 우리를 쥐고 흔드는 사탄을 모시느냐, 그 차이입니다. 평강의 왕이신 예수님을 모신다면 어떤 두려움의 영도 혼비백산하여 달아나버릴 것입니다.

사랑만한 전도법이 없다

관계전도에서 가장 중요한 것은 애정 어린 관심과 주님의 사랑입니다. 이 사랑이

야말로 모든 사람의 마음을 녹이고, 마음문을 열게 만듭니다. 심지어 사랑은 허다

한 죄를 덮는다고 했습니다. 사랑이 있으면 마음과 마음을 나눌 수 있고, 사랑이 있

으면 진심이 전달됩니다.

욕쟁이, 알고 봤더니

정애(가명) 엄마를 전도해야겠다고 마음먹게 된 것은 이웃들의 수
군거림 때문이었습니다. 제가 사는 연립주택의 옆동으로 이사를 온
다음 날부터 그 집에서는 부부싸움 하는 소리가 끊이질 않았습니다.
그것도 보통의 부부싸움 소리가 아니었습니다. 때리고 부수고, 소리
지르는 게 밖에서도 다 들릴 정도였습니다. 그런데 그 소리를 잘 들어
보면 남편의 소리가 아니라 아내의 소리라는 게 특이했습니다. 남편
을 향해 욕하는 정애 엄마의 소리를 듣다보면 생전 들어보지도 못한
욕들이 얼마나 많은지…. 뿐만 아니라 정애 엄마는 술도 마시고 담배
도 피웠습니다. 딱한 것은 정애였습니다. 이제 갓 두 돌이 지난 아기
정애를 보면 너무나 애처로웠습니다.

저는 그 집을 전도해야겠다고 마음먹었습니다. 시장에 갔다가도 정
애가 좋아할 만한 것을 사다주고, 찌개를 끓여도 한 냄비 더 끓여서 그

집과 나누어먹었습니다. 저희 집에 선물이 들어오면 그중 절반이 그 집으로 갔습니다. 무조건 퍼주고, 나눠주면서 정애 엄마의 마음을 열도록 노력했습니다. 그러던 어느 날 제가 정애 엄마에게 물었습니다.

"정애 엄마, 정애 사랑해요?"

"그럼요, 사랑하죠."

이때다 싶어 제가 한마디 했습니다.

"그렇게 애 앞에서 자꾸 아빠한테 욕을 하면 애가 배울까요, 안 배울까요?"

언니처럼 한마디 했더니 정애 엄마는 웃으면서 "당연히 배우겠지요"라고 대답합니다.

"그런데 왜 그렇게 욕을 하면서 싸워요?"

정애 엄마는 자신도 그 이유를 모르겠다고 합니다. 싸움만 하면 자기도 모르게 욕이 나온다는 것입니다.

그런데 신기한 것은 그후 한 달, 두 달이 지나면서 정애 엄마의 욕이 차츰차츰 줄어들더라는 것입니다. 욕 자체를 안 한다는 건 아니지만, 욕을 하는 횟수가 눈에 띄게 줄어들었습니다. 감사했습니다. 그리고 기도를 계속했습니다.

그러던 어느 날, 정애 엄마가 술을 두어 잔 걸치고 저를 찾아왔습니다. 울먹이며 제게 찾아와서 고백합니다.

"집사님, 제가 어떤 여자인지 아세요?"

저는 정애 엄마를 포근히 감싸 안았습니다. 왜 그러냐고, 얘기해보라고 다독거렸습니다.

"다른 사람한테는 안 했지만 집사님께는 꼭 해드리고 싶은 말이 있어요."

한참을 망설이던 정애 엄마는 이윽고 입을 열었습니다.

정애 엄마는 과거 창녀촌에 있던 사람이었습니다. 그곳에서 정애 아빠를 손님으로 만나 여기까지 오게 되었다는 것입니다.

"제가 이런 여자입니다."

그러면서 정애 엄마는 흐느껴 울었습니다. 저는 거친 세월을 살아오는 동안 정애 엄마가 겪었을 상처와 아픔들을 짐작할 수 있었습니다. 우리 잊자고, 과거 안 좋았던 기억들은 다 잊어버리자며 정애 엄마를 안아주었습니다. 그렇게 제 가슴에 파묻힌 채 정애 엄마는 한 시간을 울었습니다.

"정애 엄마, 그래도 우리 하나님은 정애 엄마를 사랑하셔. 주님은 정애 엄마를 위해 십자가에 돌아가셨잖아."

정애 엄마는 흐느낌을 멈추지 않았습니다. 그만큼 가슴에 쌓인 아픔이 깊었던 것입니다. 자기 좀 도와달라고 중얼거렸습니다. 우리는 함께 울었습니다.

고스톱을 스톱!

그때부터 정애 엄마가 바뀌기 시작했습니다. 욕도 안 하고 물건 던지는 소리도 안 들려옵니다. 일단 그것만으로도 저는 무척 감사했습니다. 이제부터 새로운 피조물로 살아가면 되는 것입니다.

그런데 한 가지 문제가 있었습니다. 옛날에 사귀던 친구들이 방문해오는 경우입니다. 그 친구들만 놀러오면 정애 엄마는 담배도 피고 술도 마셨습니다. 고스톱을 치며 금세 예전의 모습으로 돌아가버렸습니다.

하루는 시장에 갔다가 정애 먹을 걸 사들고 정애네 집에 간 적이 있었습니다. 그런데 현관 밖에서도 여자들의 왁자한 소리가 들려왔습니다. 저는 일부러 초인종도 안 누르고 집안으로 들어갔습니다. 문을 확열고 들어서며 반가운 목소리로 "정애 엄마!" 하고 불렀습니다.

한참 고스톱에 열중하던 정애 엄마는 저를 보자 너무나 당황하여 어쩔 줄 몰라했습니다. 화투판을 숨기고 술잔을 가리려고 하면서 허둥대는 모습이 눈에 들어왔습니다. 무작정 쳐들어가기는 했지만 저도 당황이 되었습니다. 얼른 사온 물건을 바닥에 두며 말했습니다.

"어머, 정애 엄마, 미안해요."

그리고 문을 닫고 집으로 와버렸습니다. 저는 마음이 아파 견딜 수가 없었습니다. 마루에 앉아 무릎을 꿇고 기도드리기 시작하는데 쉴새 없이 눈물이 쏟아졌습니다.

"하나님, 예수 이름으로 저 나쁜 습관들을 끊게 해주옵소서. 정애 엄마를 불쌍히 여겨주옵소서."

한참을 그렇게 기도하고 있는데 누군가 제 옆으로 다소곳이 다가오는 게 느껴졌습니다.

"집사님, 저 이런 사람이에요."

기도를 마치고 정애 엄마를 쳐다보았습니다.

"정애 엄마, 내 부탁 하나만 들어줄 수 있어요?"

그러자 정애 엄마는 미안한 마음에 "뭔데요?" 하고 물었습니다.

"정애 엄마가 저들에게 예수님을 담대히 증거할 수 있을 때까지 그친구들이 정애 엄마 집에 오지 않도록 했으면 좋겠어요."

놀랍게도 정애 엄마는 제 부탁을 들어주었습니다. 아직 복음을 전할수 있을 만큼의 담력이나 신앙이 없던 정애 엄마가 일단 그 친구들을 멀리하겠다는 각오를 한 것입니다.

그때부터였습니다. 정애 엄마의 변화는 눈에 띄게 나타났습니다.

"당신을 변화시킨 그 예수님을 나도 믿고 싶어."

술, 담배, 친구…. 이런 것들로부터 완전히 멀어지는 정애 엄마의 모습을 목격할 수 있었습니다. 정애 엄마의 얼굴빛도 맑아져갔습니다. 성령께서 일하고 계셨습니다.

그러던 어느 날 정애 엄마가 급히 저를 찾아왔습니다. 정애 아빠가 맥주를 사갖고 와서 한 잔씩 나누자고 하는데 어떻게 하면 좋겠느냐는 것입니다. 저는 단호하게 말했습니다. 절대 한 모금도 마시지 말라고 했습니다. 이제껏 정애 엄마가 정애 아빠 앞에서 실수를 많이 했으니까, 예수님으로 인해 완전히 달라진 모습, 정숙한 모습을 보여주라고 했습니다. 성령께서 정애 엄마의 마음을 붙들어주시니까 정애 엄마는 그 말에도 거부감 없이 순종했습니다.

"알겠어요, 집사님. 그렇게 할게요."

마치 어린아이가 엄마 말에 순종하듯 그렇게 말하며 돌아서는 정애 엄마를 보자 눈물이 핑 돌았습니다. 그리고 다음 날, 정애 엄마가 저를 찾아왔습니다.

"집사님, 집사님!"

무엇인가 급한 일이 생겼다는 듯 뛰어와서 저를 찾았습니다.

"이번 주부터요, 정애 아빠가 교회에 나가기로 했어요."

정애 엄마는 이 기쁜 소식을 제게 먼저 전하고 싶어서 헐레벌떡 뛰어왔던 것입니다. 어떻게 된 거냐고 묻자 정애 엄마는 전날 밤에 있었던 사건을 소상하게 말해주었습니다. 전날 밤, 정애 아빠가 맥주를 사들고 와서 한 잔씩 하자고 하더랍니다. 그러자 정애 엄마는 냉장고에서 사이다를 꺼내 와서 남편에게는 맥주를 따라주며 이렇게 말했답니다.

"당신은 맥주 마셔요. 나는 사이다 마실 거예요. 어떻게 여자가 술을 마셔요?"

약간은 새침하게 애교떨며, 이런 말로 술을 거부하자 정애 아빠가 놀라서 술잔을 탁 내려놓으면서 다급히 묻더랍니다.

"도대체 당신을 변하게 만든 사람이 누구야?"

그때 정애 엄마가 남편 앞에 무릎을 꿇고 말했습니다.

"여보, 나 같은 여자를 아내로 받아줘서 정말 고마워요. 그런데도 나는 감사하지 못하고 당신한테 욕하고 때려 부수고…. 여보, 지금까지 잘못했던 거 용서해줘요. 다시는 안 그럴게요."

정애 엄마의 진심어린 고백에 정애 아빠는 아내를 붙들고 엉엉 울었습니다.

"당신을 변하게 한 예수님이라면 나도 그 예수님을 믿고 싶어. 나도 이번 주부터 정애 손 잡고 교회 나갈게."

지금 그 정애 아빠는 얼마나 신앙생활을 잘하고 있는지 모릅니다. 가끔 전화를 해보면 목소리가 잔뜩 쉬어 있을 때가 있습니다. 왜 그러냐고 물으면 "어젯밤 철야기도를 했거든요"라고 말합니다.

복음의 능력은 이렇게 가정을 변화시킵니다. 쓰러진 영혼을 살릴 뿐만 아니라, 깨어진 가정도 살립니다. 우리가 바로 이렇게 놀라운 일들을 감당할 수 있는 사람들입니다.

그러니 전도자로 살아간다는 게 얼마나 큰 축복입니까? 온갖 지식과 도덕의 잣대로 깨어진 가정을 살리려고 평생 노력해보십시오. 그런 변화, 그런 행복을 그 가정에 가져다줄 수 있을까요?

없습니다. 결코 없습니다. 복음만이, 성령의 능력만이 그 가정을 온전한 변화, 행복으로 인도할 수 있습니다.

사랑으로

거듭 강조하지만 관계전도에서 가장 중요한 것은 애정 어린 관심과 주님의 사랑입니다. 이 사랑이야말로 모든 사람의 마음을 녹이고, 마음문을 열게 만듭니다. 사랑은 허다한 죄를 덮는다고 했습니다. 사랑이 있으면 마음과 마음을 나눌 수 있고, 사랑이 있으면 진심이 전달됩니다. 또 사랑이 있으면 그 사람의 필요가 무엇인지, 무엇 때문에 괴로워하는지 알 수 있습니다.

용윤(가명)이도 저와 그런 사랑의 관계로 맺어진 아이 중 하나입니다. 중등부 교사 시절이었습니다. 연초 중등부 교사인 저에게 맡겨지는 학생의 수는 6명 내지 7명이지만 연말이 되면 그 수는 약 20명 정도로 늘어나곤 했습니다. 그 시절의 이야기입니다.

저는 새벽기도에 나오면 수첩에 적힌 아이들의 이름을 한 사람 한 사람 불러가며 기도했습니다. 한번이라도 교회에 나왔던 아이들, 전도 대상자 아이들까지 매일 그 이름을 불러가며 기도했습니다.

"하나님, 누구는 어떻고, 누구는 어떻고…."

그렇게 매일 기도하는데, 수첩 맨 끝에 있던 용윤이의 이름이 어느 날 제 마음속에 탁 걸렸습니다. 중학교 2학년짜리 남자 아이, 너무나 조그마한 체구의 그 아이가 눈에 밟혔습니다. 그 아이는 전도되어 나온 지 얼마 안 된 아이였습니다.

'심방을 가야 되겠다.'

그 결심이 서고 난 후 저는 토요일에 용윤이를 만나 물어보았습니다.

"용윤아, 내가 너희 집에 심방을 좀 가고 싶은데…."

"오세요."

별 거부감 없이 용윤이의 허락이 떨어졌고, 상도 약수터 근처라는 집 위치도 알아냈습니다. 용윤이를 따라 노량진에서 아홉 정거장쯤 되는 거리에 있다는 용윤이네로 갔습니다. 버스에서 내린 후에도 한참을 걸어가야 했습니다.

"용윤아, 너희 집이 도대체 어디니?"

"따라오세요."

용윤이를 따라 찾아간 집을 보는 순간, 저는 '세상에 이런 집도 있구나' 싶었습니다. 옛날 집으로 설명하자면, 본채가 있고 장독대 밑에 광이 있으면 그 광을 개조하여 집으로 만든 그런 곳이었습니다. 용윤이네는 그런 광 같은 곳에서 살고 있었던 것입니다.

안으로 들어서니 두 사람이 누우면 꽉 찰 만한 공간이 되었습니다. 제가 들어서자 팔순은 되어 보이는 할머니 한 분이 나오셨습니다.

"어디서 왔수?"

"예, 할머니 안녕하세요? 저 용윤이를 맡고 있는 교회학교 선생이에요."

교회학교 선생이란 말에 그 할머니는 저를 붙들고 막 우셨습니다.

"할머니, 왜 그러세요?"

"선생님, 우리 용윤이같이 불쌍한 애가 없어요."

장학금으로 전도하다

한점 혈육인 용윤이 때문에 할머니는 우셨습니다. 사연을 들어보니 용윤이가 할머니와 단 둘이 살게 된 사연이 있었습니다. 매일 술 마시고, 한번 집을 나가면 여간해서 안 들어오는 용윤이 아빠, 그게 지긋지긋해서 집을 나가버린 용윤이 엄마, 그 뒤에 남겨진 할머니와 손자는 때로는 먹을 게 없어서 라면 하나로 둘이 하루 끼니를 때우기도 하며 지금껏 살아왔다고 합니다. 지금 제일 큰 어려움이 뭐냐는 물음에 할머니는 용윤이 등록금 얘기를 꺼냅니다. 등록금이 3기나 밀려서 매일 학교 선생님으로부터 전화가 걸려온다는 것입니다.

안타까운 마음에 동사무소에서 무슨 도움도 받지 못하냐고 물었습니다. 할머니는 한숨을 쉬며 비록 용윤이 아빠가 함께 살지는 않지만 아직까지 법적 호주로 되어 있기 때문에 아무런 도움을 받을 수 없는 형편이라는 것입니다. 그 말씀을 듣자 이런 생각이 들었습니다.

'그래, 용윤이에게 이런 고통이 있으니까 하나님께서 나 같은 걸 보내주셨나보다.'

저는 할머니께 말씀드렸습니다.

"할머니, 걱정하지 마세요. 분명히 이 어려움이 해결될 거예요."

그렇게 말씀드리고 나서 일단 쌀과 귤을 사서 용윤이네 집에 들여놓고 교회로 돌아왔습니다.

"하나님, 어떻게 돕는 게 가장 좋을까요?"

저는 기도하며 도울 방법을 찾았습니다. 그리고 결단을 내렸습니다. 당시 저는 교회에서 여전도회장을 맡고 있었습니다. 저는 여전도회원들에게 일일이 전화를 걸었습니다. 용윤이네 사정을 얘기해서 함께 돕기 위해서였습니다.

"여전도회 회비로 도울 수도 있어요. 하지만 내 자식 공부시킨다 생각하고 우리 주머니에서 조금씩 돕도록 합시다."

감사하게도 많이 협조해줘서 꽤 큰 돈이 모였습니다. 저는 그 돈을 들고 교역자실로 찾아갔습니다. 그리고 교구 목사님을 모시고 학교를 찾아갔습니다. 교회 장학금의 형식으로 돈을 전달하기 위해서였습니다.

용윤이 담임선생님은 너무나 반가운 얼굴로 우리를 맞아주셨습니다. 안 그래도 그 문제 때문에 고민을 많이 했는데 교회에서 이렇게 큰 도움을 줄 줄 몰랐다면서 교직생활 20년 만에 이런 일은 처음이라고 했습니다.

그후 노량진교회 담임목사님께서 제게 이렇게 말씀하셨습니다. 앞으로는 교회에서 용윤이에게 장학금을 계속 지급할 테니 걱정 말라고 말입니다.

이처럼 누군가를 돕는 일에 교회가 하나 될 수 있다는 것, 담임목사님부터 시작해서 성도 한 사람에 이르기까지 한마음으로 일이 진척될 수 있다는 사실에 저는 너무나 감사했습니다.

생전 처음 신어보는 꼭 맞는 운동화

모은 돈으로 용윤이 등록금 3기를 내고 나자 돈이 조금 남았습니다. 저는 그 돈으로 용윤이에게 좋은 선물을 하나 해주고 싶었습니다. 그래서 용윤이에게 물었습니다.

"용윤아, 너 뭐가 제일 갖고 싶니?"

그러자 용윤이는 두말없이 대답합니다.

"메이커 운동화요."

"운동화?"

그 말에 제 시선은 어느새 용윤이의 신발로 향했습니다.

"응? 네 운동화가 아직은 괜찮은 것 같은데? 그만하면 별로 닳지도 않은 거 같은데?"

"선생님, 이거 어떤 형이 신던 거 준 건데 발이 너무 아파요."

그러고 보니 용윤이는 신발을 제대로 신고 있지 않았습니다. 신발 뒤축을 꺾어 신고 있는 게 보였습니다. 당장 용윤이를 데리고 메이커 운동화를 파는 가게로 갔습니다. 가보니 마침 20퍼센트 세일중이었습니다.

"용윤아, 이거 한번 신어볼래?"

새 신발을 신겨보려고 용윤이의 발을 보는 순간, 저는 다시 한번 가슴이 미어졌습니다. 발에서 김이 모락모락 피어나는데 발가락이 새빨간 게 피가 나기 일보 직전이었습니다. 너무 작은 신발을 억지로 신다 보니 발가락에 무리가 간 것입니다. 저도 자녀를 키우는 엄마이고 보니 너무나 안타까운 마음이 들었습니다. 하나님께서 저 같은 사람을 용윤이에게 보내주신 이유를 알 것 같았습니다. 4만7천 원을 주고 운동화를 사서 용윤이에게 신겼습니다. 너무나 좋아하는 용윤이의 모습을 보자 마음이 다소 편안해졌습니다.

가게를 나오면서 용윤이에게 물었습니다.

"용윤아, 너 이 다음에 커서 뭐가 될 거야?"

"저는요, 치과의사가 될 거예요."

"치과의사? 왜?"

"치과의사가 되어 돈 많이 벌어서 이 다음에 선생님처럼 어려운 학생들을 도와주는 사람이 될 거예요."

용윤이의 말에 눈물이 핑 돌았습니다. 꼭 용윤이의 꿈이 이루어지길 바라는 마음 간절했습니다. 용윤이 잠바를 하나 더 사고 나서 집으로 향했습니다. 할머니께 남은 돈을 드리기 위해서였지요.

예배의 은혜보다 밥의 은혜

할머니는 용윤이의 납부금 얘기며 운동화, 잠바 얘기를 들으시더니 대번에 눈물을 비치셨습니다. 그리고는 몸 안에서 뭔가를 확 끄집어내어 내동댕이치셨습니다. 그게 뭔지 자세히 봤더니 옛날 어른들이 많이 걸고 다니던 만(卍) 자 표시 목걸이였습니다.

"내가 그 교회는 멀어서 못 가더라도 이제부터는 하나님을 믿어야지."

할머니의 고백을 듣는 순간 제 마음에 갈등이 생겼습니다. 아무래도 할머니가 신앙생활을 하실 수 있도록 해드려야겠다는 생각이 들어서 다시 목사님을 찾아갔습니다.

"목사님, 용윤이와 할머니를 위해 교회를 가까운 데로 옮겨주는 게 좋을 것 같습니다."

그래서 교회 주소록을 찾아봤습니다. 마침 용윤이네 집 바로 옆에 같은 교단의 교회가 있었습니다. 그 교회 목사님께 전화를 드렸습니다.

"목사님, 이런이런 가정이 있는데, 장학금 좀 해주시고 할머니와 용윤이를 그 교회에 등록시키면 안 되겠습니까?"

그러자 목사님께서도 흔쾌히 승낙해주셨습니다.

"그래야지요. 그렇게 하십시오."

그렇게 해서 그들을 그 교회로 옮기도록 했습니다.

그후 약 한달 쯤 지나서 제가 그 교회 목사님께 전화를 드렸습니다.

"용윤이 할머니, 교회에 잘 나오시나요?"

목사님은 말도 말라며 주일이면 일찍 나오셔서 제일 앞자리에 앉으신다고 하셨습니다. 또 진작 예수 믿을 걸 그랬다고 말씀하신답니다. 저는 놀라서 다시 여쭤보았습니다.

"아니, 할머니의 믿음이 벌써 그렇게 좋아지셨어요?"

그러자 목사님께서는 껄껄 웃으시며 말씀하십니다.

"아니, 할머니는 예배의 은혜보다 밥의 은혜를 더 많이 받고 계셔요. 교회 식당에서 밥을 주는데 그 밥맛이 꿀맛이라는 거예요. 그 밥맛 때문에 우리 교회가 너무 좋으시답니다."

목사님은 이제 그 할머니 걱정은 말라며 다시 껄껄 웃으셨습니다.

4부 전도로 숨쉬는 교회

하나님께서 구원하기로 작정하신 영혼은 어떻게 해서든 교회에

나오게 되어 있습니다. 그런데 그 영혼을 누구에게 붙여주시느

냐가 문제입니다. 전도하러 나간 자에게 그 영혼을 붙여주시는

것입니다. 그 영혼을 붙들고 예수님을 소개하고, 교회를 소개

해보십시오. 목사님을 자랑하고 교회를 자랑해보

십시오. 지속적으로 관계를 맺으면서 섬

기십시오. 그리고 초청하십시

오. 그것이 바로 총동원전도

주일입니다.

무늬만 교인인
자도 전도 대상이다

지금 내가 하나님과 바른 관계를 맺고 있느냐가 중요합니다. 만약 그렇지 못하다

면 과거에 청년회장, 목사, 전도사, 아니면 장로, 안수집사, 여전도회장이었다는 화

려한 경력들이 오히려 신앙생활 하는 데 큰 걸림돌이 될 수 있습니다. 내가 그래도

한때 그런 경력이 있었다는 것에 만족하거나 자랑하고 말면 그게 무슨 소용이 있

습니까? 문제는 지금입니다.

교회안 나오는 사람들에게

어느 교회든 재적교인과 출석교인의 차이는 엄청납니다. 그 차이가 적게 나는 교회일수록 좋은 교회라고 꼭 단정지을 수는 없지만, 차이가 적게 날수록 서로를 향한 관심과 보살핌이 많은 교회임에는 틀림없습니다.

따라서 저는 전도의 범위를 상당히 넓게 잡을 수 있다고 생각합니다. 그래서 전혀 모르는 아파트단지나 전철역에서 전도하는 것도 전도지만, 등록만 해놓은 교인들과 교제하는 가운데 그들이 하나님을 뜨겁게 만날 수 있도록 도와주는 것 또한 전도라고 생각합니다. 아마 한국교회의 재적인원이 그대로 출석교인이 된다면 한국교회는 폭발적인 부흥을 이룰 수 있을 것입니다. 상대방에 대한 정보가 전혀 없어서, 그 사람이 불교를 믿는지 무신론자인지 파악하기 어려워서 다가

가기 어렵다면 담당 교구목사님의 협조를 얻어 교적부를 뒤져볼 수도 있는 일입니다.

적어도 전도하려는 열정은 있으나 전도할 용기가 없다면 등록만 해놓은 신자들부터 찾아나서야 합니다. 그들에게 다가가서 관심을 보이고 이웃으로서 교제를 나누고 주님의 사랑을 전할 때 그들은 분명히 주님 앞으로 다시 돌아오게 될 것입니다. 그래서 전도보다 양육이 더 중요하다고 말할 수도 있는 것입니다.

저는 현재 과천교회 전도사로 부임한 지 6년째가 되어갑니다. 처음에 과천교회로 올 때는 전도부를 맡은 게 아니라 교구를 맡았습니다. 2교구 약 400가정을 맡게 되었습니다.

그때 제가 처음 한 작업은 400가정 중 도대체 몇 가정이 제대로 된 신앙생활을 하고 있는가 파악하는 일이었습니다. 그 결과 약 65퍼센트는 교회에 잘 출석하고 있었고 나머지 35퍼센트는 제대로 출석하지 않는 것으로 나왔습니다.

그때부터 저는 잘 나오는 65퍼센트는 제쳐두고, 교회에 걸음을 끊은 35퍼센트의 가정을 심방하기 시작했습니다. 약 3개월여에 걸쳐 집중 심방하면서 저는 구역장님들께도 부탁을 드렸습니다.

"여러분들은 잘 나오고 있는 구역원들을 위해 구역장으로 세워진 게 아닙니다. 다섯 가정 중 세 가정만 나와도 구역예배는 드릴 수 있지요. 하지만 구역예배를 드리는 것 자체로 만족하시면 안 됩니다. 나오지 않는 두 가정은 제쳐두고 잘 나오는 세 가정만 돌본다고 해서 구역장의 사명을 다하는 게 아닙니다. 잘 나오는 세 가정은 그냥 둬도 스스로 잘하니까 오히려 나머지 두 가정을 찾아다니며 돌봐야 합니다. 그게 여러분들의 사명입니다."

구역장들에게 그런 훈련을 시키자 처음에는 잘 되지 않는 듯하더니 놀랍게도 석 달, 넉 달이 지나면서부터 모든 구역예배가 활성화되기 시작했습니다. 직장인들을 빼면 거의 대부분의 구역원들이 참석하여 예배를 드렸습니다. 구역장들은 구역장들대로, 저는 저대로 집중적인 심방을 한 결과, 나중에는 교구 교인들의 교회 출석률이 97퍼센트까지 올라갔습니다.

지금은 재미보고 장차 믿겠다?

그 즈음이었습니다. 어느 가정에 심방을 가기 위해 전화를 했는데, 계속해서 연락이 되지 않았습니다. 할 수 없이 밤늦게 전화를 드렸습니다. 알고 봤더니 두 분 다 직장을 다니는 관계로 전화 연락이 통 안 되었다는 사실을 알게 되었습니다. 전화로 심방을 하고 싶다는 의사를 알렸고, 토요일 늦게 오라는 답을 얻어냈습니다.

토요일 오후, 권사님과 구역장님을 모시고 그 가정에 심방을 갔습니다. 남자분은 세른넷의 모 은행원, 여자분은 서른한 살의 직장인이었습니다. 제가 물었습니다.

"교회등록 해놓고 못 나오시는 특별한 사정이 있습니까?"

그러자 두 가지 이유 때문에 교회에 못 나온다고 답했습니다.

첫째는 자기 어머니 때문이라고 했습니다. 여의도의 모교회 권사님이신 어머니를 따라 어렸을 때부터 엄마 손에 이끌려 교회를 다녔는데 그때 결심한 게 한 가지 있다고 합니다. 장차 엄마로부터 독립하게 되면 엄마가 믿는 하나님은 절대로 믿지 않겠다고. 엄마가 믿는 하나님이라면 자신은 절대로 믿고 싶지 않았다는 것입니다.

그 얘기를 듣는 순간, 제 가슴이 뜨끔했습니다. 자녀를 키우는 엄마로서 내 자식의 눈에 나의 믿음생활은 어떻게 비쳐질까 하는 생각이 들었기 때문입니다. 만약 우리 아이들이 마음속으로 '엄마가 믿는 하나님이라면 나는 절대로 안 믿을 거야'라고 생각한다면 그것이야말로 얼마나 깊은 절망이겠습니까? 저는 그 분한테 뒤통수라도 한 대 맞은 기분이었습니다. 저는 그후로 언제나 제 자신의 신앙생활을 아이들 앞에서나 뒤에서 꼭 점검하게 되었습니다. 간증집회를 가서도 꼭 그런 부탁을 드립니다.

"여러분들의 아이들이 볼 때, '우리 엄마는 정말 예수 믿는 사람답다. 우리 아빠의 신앙은 정말 아름다워'라는 말을 들을 수 있을 만큼 생활하고 계십니까? 우리 자신을 한번 돌아봅시다. 우리가 진정으로 예수를 믿는다면 다른 사람이 아닌, 우리 자녀들에게 그런 말을 들을 수 있어야 하지 않을까요?"

이렇게 얘기하면 많은 이들이 아파하며 회개기도를 드립니다. 저 또한 회개기도를 많이 합니다.

그 분이 교회에 나오지 않는 첫 번째 결정적인 이유는 바로 그것이었습니다.

"두 번째 이유는 무엇입니까?"

하지만 두 번째 이유는 말도 안 되는 이유였습니다. 차를 새로 뽑았는데, 그 차를 타고 토요일이면 야외로 놀러가서 주일 오후 늦게야 돌아오기 때문에 교회를 못 나간다는 것이었습니다. 그러면서 자기가 청년 시절에는 청년부 회장까지 했었다며, 좀더 지나 때가 되면 교회에 잘 나가겠노라고 덧붙입니다. 그래서 제가 그랬습니다.

"지금 내가 하나님과 바른 관계를 맺고 있느냐가 중요합니다. 만약 그렇지 못하다면 과거에 청년회장, 목사, 전도사, 아니면 장로, 안수집사, 여전도회장이었다는 화려한 경력들이 오히려 신앙생활 하는 데

저...
시간이 얼마 남지
않았거든요...

우리에게 내일은 보장되지 않았다. '오늘' 믿어야 한다.　　　2001 Copyright ⓒ kyujang

큰 걸림돌이 될 수 있습니다. 내가 그래도 한때 그런 경력이 있었다는 것에 만족하거나 자랑하고 말면 그게 무슨 소용이 있습니까? 문제는 지금입니다. '지금 내가 하나님 앞에 어떻게 서 있느냐?' 하는 것이 중요합니다."

저는 마음이 너무 아파서 계속 이야기했습니다.

"이 다음에 예수 믿겠다고 하는데, 미안하지만 이 다음이라는 시간은 당신 시간이 아닙니다. 내일 시간도 당신 것이 아니고, 한 시간 이후의 시간, 일 분 이후의 시간도 당신 시간이 아닙니다. 아침에 멀쩡하게 출근했다가 저녁에 교통사고로 싸늘한 시신이 되어 돌아오는 경우가 얼마나 많습니까? 이 다음에 예수를 믿겠다는 건 말이 안 됩니다."

그렇게 말할 수밖에 없는 제 마음도 너무 아팠습니다. 축복의 말을 해주지는 못할 망정, 그런 말까지 해야 하다니, 나중에 기도하고 일어서는데 자꾸 눈물이 나서 아주 혼이 났습니다. 일어서는 길에 한마디 덧붙였습니다.

"내일은 주일입니다. 꼭 교회 나오세요."

다음 날 주일이 되었습니다. 1부 예배, 2부, 3부, 4부, 5부까지 한 사람 한 사람의 얼굴을 다 살폈습니다. 그 부부가 나왔나 안 나왔나 살펴보았지만 끝까지 그 얼굴이 보이지 않았습니다. '계속해서 기도하라는 뜻인가보다' 라고 생각하여 다음 주에 또 찾아가리라 마음먹었습니다.

당신은 어떻게 준비하고 있는가?

그런데 사건은 월요일에 터졌습니다. 새벽기도를 가려고 4시에 일어나 준비하고 있는데 전화벨이 울렸습니다. 그 가정에 함께 심방 갔던 구역장님의 전화였습니다.

"전도사님 큰일났습니다. 우리가 토요일에 심방 갔던 그 집 있죠?"

뭔가 다급한 일이 생긴 게 틀림없었습니다. 그 두 사람이 갑자기 죽어서 지금 방지거병원에 있다는 것입니다.

"네? 어떻게, 어떻게 연락을 받으셨어요?"

알고 보니, 그 어머니께서 집에 있는 교회수첩을 보고 연락을 해왔다고 합니다. 저는 너무나 어처구니가 없었습니다. 어머니는 어쨌든지 교회에서 장례를 치러 달라고 하였습니다. 토요일에 심방이 끝나자 마자 부부는 두 아이를 데리고 청평으로 놀러갔다고 합니다. 그곳에서 놀다가 주일이 되어 자리를 옮기려고 기찻길을 지나가다가 그만 달려오는 기차를 보지 못하여 변을 당했다는 것입니다. 엄마 아빠는 그 자리에서 즉사했고, 큰아이는 타박상, 작은아이는 장파열이 되어 중환자실에 있다고 했습니다.

구역장님께 새벽예배를 마치고 병원으로 가자고 얘기한 후 새벽기도를 하는데, 주체할 수 없이 눈물이 흘렀습니다. 하나님께 죄송했습니다.

"하나님, 제가 좀더 부지런히 양육했더라면 그 가족은 어쩌면 이런 어이없는 죽음을 피해갈 수도 있었을 텐데, 제 탓입니다. 하나님…."

권선징악이나 기복적인 신앙의 잣대로 그 분들의 죽음을 평가할 수는 없습니다. 삶과 죽음의 주권이 하나님께 있는데, 그 절대적인 주권이야 우리가 어떻게 명확하게 헤아릴 수 있겠습니까? 그러나 그 분들은 그 시간에 교회에 나와 예배를 드렸어야 하는 사람들이었습니다. 그런 안타까움 때문에 저는 너무나 애통했습니다. 자책감마저 들었습니다.

그후 저는 구역장님들이나 교사들에게 꼭 당부합니다.

"여러분, 여러분들에게 맡겨진 영혼을 절대로 소홀히 하지 마십시오. 한 영혼 한 영혼, 잘 돌보시고 소중히 여기십시오. 그들과 함께 천국 가야 하지 않겠습니까? 함께 신앙생활을 하는 행복을 맛봐야 하지 않겠습니까?"

저는 그후로 이런 생각이 많이 듭니다. 우리가 병들어 죽을 수도 있고, 교통사고로 죽을 수도 있고, 복음을 전하다가 죽을 수도 있습니다. 그게 인생이니까요. 그런데 어떤 죽음이든 하나님을 예배하다가, 주님을 마음속에 모시고 죽었으면 좋겠다는 생각이 들었습니다. 병들어 죽더라도 주님을 모시고 죽으면 그게 의로운 죽음이요, 교통사고로 죽더라도 주님을 위해 살다가 죽으면 그게 의로운 죽음이라고 생각합니다. 그러므로 우리는 어느 한순간도 소홀히 하며 살 수 없습니다. 언제 이 생명이 끝날지 모르는 일이기에 우리는 순간순간을 거룩하게 살아야 합니다.

남자가 변해야 교회가 산다

이상하게 교회에는 여자 성도의 수가 남자 성도에 비해 월등하게 많습니다. 기도하는 사람들을 보아도 여성이 훨씬 많습니다. 물론 직장 관계 때문이라고 볼 수도 있지만 똑같이 직장생활을 하는 청년들의 경우, 자매들이 형제들보다 많은 것을 보면 꼭 그렇지도 않은 것 같습니다.

아무튼, 그런 이유 때문에 교회가 힘을 얻지 못하는 것은 사실입니다. 어느 집단이든 남녀의 고유 역할이 있게 마련이고, 그것이 조화를 이룰 때 성장하는 법입니다. 하물며 교회는 주님께서 이 땅에 남기신 주님의 몸이기에 다른 어느 곳보다 유기적인 조화와 균형이 꼭 이루어져야 하는 곳이지요. 여자가 아무리 힘을 써도, 혹은 남자가 아무리 힘을 내도 한 쪽만으로는 채워질 수 없는 부분들이 있게 마련입니다.

그러므로 남녀노소의 비율이 적절한 교회야말로 가장 바람직한 교회공동체의 모습이라 할 것입니다. 거기에 부한 사람, 가난한 사람, 과부, 홀아비, 고아도 모두 잘 섞일 수 있어야 하는 것입니다.

교회 자랑이 되겠습니다만, 과천교회는 그런 점에서 적절한 조화를 이루고 있는 교회입니다. 제가 맡고 있는 남자교구만 해도 남자 성도들의 신앙이 참 뜨겁습니다. 금요일과 주일, 남자성경공부를 인도해 보면 이 사실을 금방 느낄 수 있습니다. 물론 처음에는 "이거, 여 전도사님이 와서 어떡하지?"라는 말들도 했다고 들었습니다.

하지만 지금은 모두들 열심히 협력해주고 계십니다. 남자 성도들을 모아놓고 서너 시간씩 기도훈련을 하다보면 오히려 이분들이야말로 교회를 움직일 주역임을 알게 됩니다. 학벌이나 지위가 아무리 높은 사람이라도 믿음생활 하면서 겸손하게 변해가는 모습들을 볼 수 있습니다.

그렇게 남자 성도들이 열심이니까 교구는 활력이 넘쳐났습니다. 마치 속도에 가속이 붙는 것처럼 전도도 잘 되어갑니다. 한 형제가 바로 서면 두 형제가 변화되는 건 시간문제입니다. 두 형제가 서면 네 형제가 주님께로 돌아오는 것도 시간문제입니다.

이처럼 남자교구가 활성화되기까지 저는 남자분들이 모일 때마다 부부 중심 프로그램에 신경을 많이 썼습니다. 각 가정의 대표인 가장들이 모였으니 그 가정을 살릴 수 있는 방안을 이야기하며 가정의 화목을 도모하기 바랐습니다. 성경공부 후에 내는 숙제는 주로 이런 것들입니다.

"'당신 때문에 내가 행복합니다' 라는 말을 아내에게 할 것."

그러면 아내들이 너무너무 좋아합니다. 그 분들의 신앙이 매우 순수하게 바뀌어진다는 것을 느낄 수 있었습니다. 성경공부 시간도 재미있습니다.

그렇게 서로 행복해 하는 모습을 보는 기쁨이야말로 얼마나 큰 기쁨인지 모릅니다. 그렇게 되면, 즉 성도는 지도자를 통해, 지도자는 성도를 통해 주님의 기쁨을 맛보게 되면 서로서로 호흡이 잘 맞게 되는 것입니다.

그러려면 복음을 매우 원색적으로, 강렬하게 제시하는 일이 필요합니다. 그럴 때 정말 고꾸라지고 변화되는 역사가 일어나기 때문입니다. 자신의 지위나 명예, 물질이 전부가 아니라 예수님이 전부라는 사실을 고백하는 모습으로 바뀌게 됩니다.

더욱이 제가 놀란 것은 남자 성도들이 그렇게 바뀌어질 때 엄청난 힘이 쏟아져나오더라는 점입니다. 성령께서 역사하셔서 변화된 남자 성도들은 자신의 혈기 대신 하나님 앞에 몸과 마음과 정성을 다 드리며 순종과 감사를 나타냅니다.

그래서 저는 이 지면을 빌어 감히 욕심을 부려봅니다. 이 책이 조그마한 도전이 되어 아줌마 전도왕뿐 아니라 아저씨 전도왕도 만들어냈으면 하고 말입니다. 우리 교회에, 또 한국교회의 아저씨들은 너무나 귀한 분들입니다.

총동원전도,
양육에 초점을 맞추라

문제는 양육입니다. 총동원전도주일을 치르고 난 후, 뒷감당을 어떻게 잘할 수 있는지, 그런 시스템이 잘 갖춰졌느냐가 문제입니다. 이게 안 되어 있으면 백날 전도해야 무슨 소용이 있겠습니까? 앞문으로 들어왔다가 뒷문으로 다 나가버리는데 전도를 한들 남아 있는 사람이 없지 않겠습니까?

왜 총동원전도주일이어야 하는가?

앞서 말씀드린 대로, 전도를 통해 교회가 성장하기 위해서는 첫째, 교회 차원의 교인 관리, 즉 양육에 집중해야 합니다. 둘째, 전도를 하되 하나의 집중적인 목표지점을 향해 달려갈 수 있는 전교회적인 프로그램이 있어야 효과적입니다. 그게 바로 총동원전도주일입니다. 몇 년, 몇 달, 며칠 동안 전도해왔던 사람들을 초청하는 특별한 주일, 총동원전도주일은 바로 그런 날입니다. 3~4년 동안 전도했던 사람들에게 그날 하루만 오시라고 부탁하면 웬만해선 거절하지 않습니다. 그 기회를 십분 살려서 전도 대상자를 교회로 인도할 수 있다는 장점 때문에 총동원전도주일은 그간 많은 교회로부터 사랑받아온 프로그램입니다.

과천교회의 경우 1년에 부활주일과 추수감사주일 두 차례에 걸쳐 총동원전도주일을 갖습니다.

총동원전도주일은 불신자들을 쉽게 초청할 수 있다는 장점 외에 초신자나 불신자들에게 복음을 매우 친숙하게 제시할 수 있다는 장점도 가지고 있습니다. 그동안 전도대원들에게 들었던 말씀을 목사님께서 전하시기 때문에 매우 쉽게 복음을 받아들일 수 있다는 것입니다. 저절로 고개를 끄덕이면서 '아, 나도 교회생활 할 수 있겠다' 싶은 마음에 교회등록도 쉽게 하게 됩니다. 전도를 하다보면 많은 사람들로부터 교회 문턱이 높아서 교회를 못 다니겠다는 말을 전해 듣습니다. 목사님의 설교 말씀이 무슨 말인지 모르겠고, 그러다보니 자신과 교회는 안 맞는 곳이라는 생각을 하게 되는 것입니다.

그런 면에서 모든 프로그램 순서들을 초신자들에게 맞춰서 치르는 총동원전도주일은 그들에게 교회를 소개하기에 매우 적절한 방법이라고 생각합니다.

기도로 준비하는 총동원주일

일단 총동원전도주일이 선포되면, 모든 교인들에게 전도 대상자 명단을 교회에 적어내라고 합니다. 지옥에 보내면 안 될 사람들의 명단을 적도록 하는 것입니다. 그때부터 전도대원들의 기도가 시작됩니다. 물론 명단을 적어낸 당사자들도 기도하겠으나 좀더 집중적인 기도가 필요하기에 새벽기도와 철야기도를 통해 명단에 기재된 사람들의 이름을 불러가며 기도하는 것입니다. 기도회는 128시간 연속기도회, 두 주간 작정기도회 등으로 이어집니다.

그러면서 전도를 계속 나갑니다. 물론 평소에도 전도를 계속하지만 약 한 달 정도 총동원주일을 위한 집중적인 준비 기간이 잡히면 그 기

금보다
훨~씬 좋아요

한두 가정은 꼭 문을 열어준다.

2001 Copyright ⓒ kyujang

간 동안 전도대는 전도대대로, 각 교구는 교구대로 전도를 나가기 때문에 요즘은 정말 과천 전역을 이 잡듯이 다 뒤졌다는 착각이 들 정도입니다. 이 기간만큼은 전체 교인이 전도를 위해 움직이고 있다는 생각이 듭니다.

어떤 분들은 아파트 전도를 나갔을 때 아파트 현관문을 안 열어준다고 불평하기도 하지만, 매일 전도를 나가다보면 그것도 하나의 핑계거리가 될 수밖에 없다는 것을 알 수 있습니다. 매일 몇 십 가정을 방문하여 초인종을 누르다보면 그중 한두 가정은 꼭 문을 열어줍니다. 그러면 그날은 그 가정을 전도하고 돌아오면 됩니다. 내일은 또 다른 몇 십 군데 중 한두 군데 문을 열어주는 집에서 전도하면 매일 만나는 게 사람입니다. 결코 문을 안 열어줘서 전도 못한다는 말은 할 수 없다는 말입니다.

전도되어 나오는 사람들에게 "어떻게 나오셨습니까?"라고 물어보면 이렇게 대답합니다.

"그러게 말이에요. 교회에서 전도 나오면 절대로 문을 안 열어주곤 했는데 그날은 희한하게도 문을 열어주고 싶은 마음이 들데요. 그게 계기가 되어 이 집사님한테 잡혀버렸지 뭡니까?"

하나님께서 구원하기로 작정하신 영혼은 어떻게 해서든 교회에 나오게 되어 있습니다. 그런데 그 영혼을 누구에게 붙여주시느냐가 문제입니다. 전도하러 나간 자에게 그 영혼을 붙여주시는 것입니다. 그 영혼을 붙들고 예수님을 소개하고, 교회를 소개해보십시오. 목사님을 자랑하고 교회를 자랑해보십시오. 지속적으로 관계를 맺으면서 섬기십시오. 그리고 초청하십시오. 그것이 바로 총동원전도주일입니다.

사후 관리가 관건

총동원전도주일은 이처럼 많은 장점이 있는 프로그램입니다. 그런데 한 가지 단점 때문에 비평의 소리를 듣기도 합니다. 많은 이들이 밀물처럼 밀려왔다가 썰물처럼 빠져나가버린다는 점입니다. 그저 성화에 못 이겨 교회 나왔다가, 아니면 분위기에 들떠서 교회에 나왔다가 다음 주부터는 등을 돌려버립니다. 그 점 때문에 많은 노력과 비용이 모두 허사가 되어버린다고 우려합니다.

그러나 과천교회의 경우는, 일단 비용이 많이 들지 않습니다. 선물 비용을 많이 얘기하는데, 저희는 볼펜 한 자루씩 나눠줄 뿐입니다. 하기야 요즘은 그런 공짜 선물을 바라고 교회 나오는 사람은 거의 없으니 선물에 치중할 필요도 없습니다.

문제는 양육입니다. 총동원전도주일을 치르고 난 후, 뒷감당을 어떻게 잘할 수 있는지, 그런 시스템이 잘 갖춰졌느냐가 문제입니다. 이게 안 되어 있으면 백날 전도해야 무슨 소용이 있겠습니까? 앞문으로 들어왔다가 뒷문으로 다 나가버리는데 전도를 한들 남아 있는 사람이 없지 않겠습니까?

과천교회의 경우, 전도되어 한 번이라도 교회에 발을 디딘 사람들의 명단은 반드시 각 교구의 담당 교역자들이 파악하고 있도록 하고 있습니다. 그러면 그 카드를 가지고 담당 교구 교역자는 반드시 그 주간에 심방을 가야 합니다. 그것을 다시 교구 권사나 구역장에게 넘겨서 구역예배를 드릴 수 있도록 합니다.

교회에 처음 나와서 복음에 대해 전혀 들어보지 못한 분들이 있으면 그 교구에서 양육을 잘하는 사람을 한 사람 붙여서 매주 양육을 받도록 하거나 양육 전담 전도사님을 통해 교육받도록 합니다. 어떤 면에서 그런 초신자들을 진짜 신자로 만들기까지 교역자들이나 각 구역장들이 들이는 노력과 땀과 눈물과 기도는 전도대원들의 그것과 동일할지도 모릅니다. 그만큼 양육의 비중은 한 사람의 신자라도 제대로 된 신자를 만드는 데 두고 있습니다. 그렇게 해나가면, 즉 전도와 양육의 비중을 거의 같이 두고 나가다보면 정착률이 높을 수밖에 없습니다. 이것이 바로 총동원전도주일을 성공시키는 비결입니다. 바로 양육을 어떻게 하느냐가 관건입니다.

또한 교회로 새신자들이 몰려오게 하려면 교회의 이미지가 좋아야 합니다. 많이 하는 얘기지만, 좋은 소문이 난 교회는 부흥할 수밖에 없습니다. 과천교회의 경우 과천시 전역의 아파트 경비 아저씨들과 환경미화원들을 모시고 갖는 초청주일도 있습니다. 경로잔치나 위문공연에도 신경을 많이 씁니다. 이웃을 돕기 위한 쌀을 모으는 운동도 매우 활발합니다. 교회가 커질수록 어려운 사람들, 어려운 가정을 돌보는 일에 앞장 서야 하는데, 그런 점들이 바람직하게 이루어지다보니 교회가 자연스럽게 칭찬받게 되고, 전도도 잘 되는 게 아닌가 싶습니다.

군이 전도라는 하나의 목적만 가지고 그런 일들을 벌여나가는 게 아니라, 그런 일들도 하면서 전도하기 때문에 이 일이 서로 잘 맞물려서 좋은 열매를 거두게 되는 것입니다.

5부 전도대, 이렇게 운영하면 된다

어느 교회든 전도대를 운영하기 위해서는 전도대원들간에

알력이나 파당이 생기지 않도록 각별히 주의하고 기도하는

일이 필요합니다. 하나님의 선한 사업을 하다가도 이런 파

당이 생기기 시작하면 결과적으로 많은 아픔과

상처를 남기게 되고, 그것은 하나님

의 교회에 치명타를 줍니다. 영

혼 구원이라는 선한 목적을

위해서는 과정까지

도 선하게 가야

합니다. 적어

도 하나님의 사업은 그

렇게 수행되어야 합니다.

현장에 강한
전도대로 훈련하라

전도대를 모집한다는 광고를 냈을 때 처음 저를 찾아온 사람은 40명이었습니다.

저는 그들을 붙잡고 처음부터 현장 훈련을 시켰습니다. 우리 한국 교인들은 이론

에 대해서는 너무나 잘 알고 있는데도 현장에 약한 사람들이기 때문에 이 훈련이

필요했습니다.

현장 투입이 중요하다

과천교회 김찬종 목사님께서 저를 사역자로 불러주신 지 벌써 5년
여의 세월이 흘렀습니다. 처음 과천교회에 왔을 때는 지금처럼 '매일
전도대'를 조직하여 전도를 나가게 되리라고는 생각지 못했습니다.
처음 맡겨진 일 또한 전도팀이 아닌 교구관리였기 때문에 저는 교구
를 관리하는 일에 주력했습니다.

그런데 교구를 관리하다보니 전도를 나가지 않을 수가 없었습니다.
일단, 구역장들을 훈련시켜서 교회 장기 결석자들을 심방하게 하고
그들을 위해 기도하도록 하다보니 우리의 관심은 자연스럽게 '전도'
쪽으로 흘렀습니다.

구역장님들과 전도에 관심이 있는 분들을 모아 전도팀을 만들었습
니다. 화요일과 목요일을 전도하는 날로 삼아 전도를 나가기 시작했
지요. 제가 맡은 1단지 아파트의 840세대와 중앙동 1,500세대를 정

해 한 가정도 빼먹지 않고 전도를 하기 시작했습니다. 그러다보니 많은 열매를 맺게 되었습니다.

그러던 중 담임목사님이신 김찬종 목사님께서 '매일 전도팀'을 만들어 운영해보는 게 어떠냐고 권해오셨습니다. 월, 화, 수, 목요일까지 하루도 빼먹지 않고 매일 전도를 나가는 일선전도대가 탄생하게 된 것입니다.

일선전도대의 탄생을 기도로 준비하던 저는 먼저 시청에 가서 과연 과천 전지역에 몇 세대나 살고 있는지 알아봤습니다. 조사 결과, 아파트가 1만 6천 세대, 단독이 약 7천 세대, 도합 2만 3천 세대로 나왔습니다.

그런데 과천교회에 와보신 분은 아시겠지만 과천교회는 교회로서 그 위치가 썩 좋은 편은 아닙니다. 과천 지역이 길쭉하게 되어 있다면 과천교회는 관악산 바로 밑에 있고, 과천시내는 그 중간에 있기 때문에 교회들도 모두 그곳에 집중되어 있습니다. 따라서 저희가 전도를 하려면 차를 타고 밖으로 나가든지 자전거를 타고 나가야만 합니다. 걸어가기에는 먼 거리입니다.

그런 입지적 불리함에도 불구하고 매일 전도를 나갈 수 있는 사람, 그런 사람을 찾는 게 급선무였습니다. 아니, 그런 사람을 만드는 훈련, 그것이 급선무였는지도 모릅니다.

전도대를 모집한다는 광고를 냈을 때 처음 저를 찾아온 사람은 40명이었습니다. 저는 그들을 붙잡고 처음부터 현장 훈련을 시켰습니다. 우리 한국 교인들은 이론에 대해서는 너무나 잘 알고 있는데도 현장에 약한 사람들이기 때문에 이 훈련이 필요했습니다. 하나님이 어떤 분이신지 다들 매우 잘 알고 있지만 현장에 나가서 알고 있는 그 복음을 어떻게 전해야 하는지는 모릅니다. 현장에 나가라고 하면 겁부터 집어먹습니다.

'어떻게 전도를 해야 하나?'

'문을 안 열어주면 어떻게 해야 하나?'

가슴이 두근거린다는 사람, 말문이 막힌다는 사람 등 모두들 현장 전도에 대한 두려움에 사로잡혀 있었습니다. 저는 그것을 없애기 위해 첫날부터 2인 1조를 결성하여 무조건 현장으로 내보냈습니다. 일단 현장으로 나가는 일, 그게 시작이었습니다.

전도대가 안 쉬는 이유

첫날부터 전도팀을 현장으로 내보내면서 저는 한 가지를 당부했습니다.

"여러분들에게 이 한 가지만은 제가 부탁드리겠습니다. 여러분들은 이곳에 자진해서 나왔습니다. 그러니 거기에 대한 책임도 지셔야 합니다. 지금부터 여덟 번 무단결석할 시 제가 가차없이 제명 처리하겠습니다!"

전도대원들부터 전도대에 대한 올바른 소속감과 책임감을 갖도록 하자는 의미에서 저는 먼저 그런 엄격한 규율을 정해놓았습니다. 교인들의 속성상 한두 번 나오다가 재미를 못 보면 '에이, 나 혼자쯤이야…'라는 생각으로 슬그머니 빠져버리는 경우가 많고 그러다보면 조직은 금방 와해되기 쉬운 법입니다. 그래서 약간은 심하다 싶었지만 그런 규율을 정하여 선포한 것입니다.

그런데 놀라운 일이 벌어졌습니다. 처음 40명으로 출발했던 전도대가 약 160명으로 늘어났고, 영하 15도가 되는 날이든 눈보라가 치는 악천후에도 무단결석하는 이들이 거의 없다는 것입니다. 한겨울의 빙

판길에도, 여름의 땡볕 더위에도, 장마비에도, 전도대원들의 발걸음은 끊이지 않았습니다. 아이를 등에 업고 나오는 엄마도 있고, 네 살바기 아이를 데리고 나와서 전도하는 아줌마도 있었습니다. 그러니 서로를 통해서 은혜를 받을 수밖에 없었죠. 지금도 저는 우리 전도팀들을 보면 그냥 눈물이 흐릅니다. 그들이 가진 전도에 대한 열정과 영혼 사랑의 마음에 절로 감동이 됩니다. 우리는 그렇게 함께 용기를 얻고, 함께 힘을 내어 전도하고 있습니다.

쉬는 날이라곤 거의 없습니다. 달력에 빨간 글씨가 씌어 있거나 교회 부흥회 행사가 있는 날 외에는 쉬라고 해도 쉬지 않는 사람들이 바로 우리 전도대원들입니다.

우리가 그렇게 쉬지 못하는 데는 사연이 있습니다. 어느 해 8월, 첫 주에 부흥집회가 있었습니다. 그리고 둘째 주에 전도팀 수련회가 있었습니다. 1년에 한 차례씩 일선전도대의 수고를 치하하는 의미의 수련회를 다녀오는 것입니다. 그러다보니 그해 8월에는 두 주나 전도를 하지 못했습니다.

그러자 어떤 결과가 나왔는지 아십니까? 2주 동안 등록자가 거의 없었습니다. 보통 한 주간에 40~50명이 등록을 하는데 그 주에는 등록자가 거의 없었습니다. 목사님들도 놀라고, 저희 전도대원들도 놀랐습니다. 그 다음 주부터 전도대원들이 뛰기 시작하자 다시 등록 숫자가 40~50명 선으로 돌아왔습니다.

우리는 그 사실을 목격하고 더욱 힘써 전도하리라 마음먹었습니다. 교회를 나가볼까 싶다가도 누군가 옆에서 찔러주고 데리러 가주지 않으면 초신자들은 쉽게 교회에 오지 못합니다. 그간 전도대원들이 그런 역할을 해오다가 부흥회와 수련회 때문에 하지 못하자 새신자가 없었던 것입니다.

전도지역 종교 현황 파악				파악자 : 박○○, 이○○		
155번지 2층	부재중 타교회	1층	정육점:타교회 1층:성당	지하	1호 / 2호 / 3호	
156번지 2층	왼쪽 부재중 타교회	1층	이발소:성당 방앗간:부재중, 양품점:부재중	지하	1호 / 2호 / 3호	
157번지 2층	부재중	1층	이불집:타교회 미용실:타교회	지하	1호 / 2호 / 3호	
158번지 2층	부재중	1층	문방구:무교 문전박대	지하	1호 / 2호 / 3호	
159번지 2층	타교회	1층	부재중	지하	1호 / 2호 / 3호	
160번지 2층		1층	양품점:부재중 만화가게:타교회	지하	1호 / 2호 / 3호	
161번지 2층	부재중	1층	부재중 쌀집:무교, 문전박대	지하	1호 / 2호 / 3호	

사실, 과천 지역은 지역 특성상 유동인구가 많습니다. 한 해가 가면 이사 가는 사람들도 많고 이사 오는 사람도 많습니다. 어떤 때는 한 교구 전체가 옮겨가버린 것 같은 생각이 들 때도 있습니다. 그런 문제점에도 불구하고 교회가 꾸준히 성장하는 것은 바로 꾸준히 전도하기 때문입니다. 영혼에 대한 사랑으로 늘 눈물로 기도하시는 담임목사님의 열정과 교회의 따뜻한 분위기, 전도대원들의 그 겸손한 열정이 합해진 결과입니다.

우리 전도대원들이 얼마나 겸손하고 순수한지, 최고 학벌과 지위, 명예를 가진 사람들이 전도대원의 약 30퍼센트 이상을 차지하는데도 불구하고 주님 안에서 그런 것이 하등 내세울 거리가 안 됨을 알고 겸손하게 낮아지는 자세로 섬기며 전도합니다.

매일 발품을 팔고, 초인종을 누르고, 문전박대를 당하고, 싫은 소리를 들어도 그저 "허허" 웃으며 지나갑니다. 그리고 내일도 똑같은 일을 되풀이합니다. 그러다보니 과천 지역을 거의 수색해버린 느낌이 듭니다. 아파트 지역뿐만 아니라 단독주택 지역도 샅샅이 조사하며 전도해나갑니다.

이렇게 조사한 다음 상, 중, 하로 나누어 '상'이라고 표시된 가정부터 집중적으로 전도하기 시작했습니다. 이 외에도 한가족 연결 카드를 작성해서 그 가정의 세부사항을 놓고 기도하며 전도하도록 했습니다.

한가족 연결 카드					
이름		(남, 여)	생년월일		(기혼, 미혼)
주소			자택	☎	
			직장	☎	
종교	기독교, 불교, 천주교, 기타( )				

가족사항					
관계	이름	성별	생년월일	직업	기도제목

일선전도대의 조직, 운영, 훈련

요즘도 많은 교회에서 과천교회 전도대의 운영과 훈련, 조직에 대해 묻습니다. 그때마다 저는 전도에 대한 간단한 설명과 함께 직접 현장으로 가서 체험해보시라며 그들을 현장으로 보냅니다. 그만큼 저희 전도대 운영이나 조직은 그리 거창하거나 특별할 게 없습니다. 그저 현장으로 열심히 나간다는 것, 그것이 과천교회 전도대의 특징입니다. 굳이 조직을 소개하자면 다음과 같습니다.

> 담당 교역자 : 김인아 전도사
> 대장 : 1명
> 총무 : 1명
> 서기 : 1명
> 회계 : 2명(교회예산 담당, 대원 회비 담당)
> 요일별 반장 : 4명(월, 화, 수, 목)
> 찬송 인도 : 4명(월, 화, 수, 목)

이 조직 아래 모든 운영은 일선전도대 대원들이 자체적으로 운영하고 있습니다. 회계 부분의 교회 예산 담당자는 교회에서 책정된 예산을 운용하는 역할을 하며, 대원 회비 담당자는 대원들이 낸 자체 회비를 가지고 대원들의 단합과 공동체의식 함양을 위해 경조사비나 생일 선물 등을 준비하는 역할을 합니다.

우리는 매일 오전 10시에 모여 찬양 인도자가 찬양을 인도하는 가운데 하나님께 영광을 돌리고 통성기도와 마무리기도를 한 후 현장에 나갈 준비를 합니다. 이때 저는 그날그날의 지시사항과 전도 장소를 알려줍니다. 요즘은 제가 신학교에 다니느라 자리를 비우는데도 자체적으로 잘 운영될 만큼 체계가 잡혔습니다.

전도를 나갈 때는 반드시 2인 1조가 되어 나가도록 합니다. 이것은 신분 안전을 위해서이기도 하지만, 한 사람이 복음을 전할 때, 다른 한 사람은 아기를 보거나 중보기도를 하는 등 외부적인 방해물을 막는 역할을 하기 위해서입니다.

전도대원들에 대한 훈련은 다음과 같이 일곱 가지 방법으로 진행됩니다.

1. 기도를 생활화하도록 한다(전도대원들 거의 대부분이 새벽기도회에 참석하여 기도한다).
2. 한 달에 한 번씩 기도원이나 교회에서 집중적인 기도회를 가진다(작년부터는 매주 월요일마다 기도회를 갖고 있다).
3. 여름 기도원 부흥집회 기간 중에 집중적으로 기도할 수 있도록 훈련한다.
4. 말씀훈련을 시킨다. 복음을 전할 때 반드시 필요한 3분 메시지나 전도 현장에서의 예의범절 등을 숙지하여 경건한 모습으로 전도에 임한다.
5. 말씀을 암송하여 말씀의 능력을 가질 수 있도록 훈련한다.
6. 예수 그리스도를 소개하고 영접기도까지 할 수 있도록 훈련한다.
7. 전도대원들의 전도 간증을 통하여 전도대 상호간의 훈련과 전교인 훈련을 담당한다.

우리는 서로에게 누구보다 좋은 친구요 상담자가 되기도 하는데, 때로 저는 무섭게 호통치는 사람으로 돌변하기도 합니다. 전도대원들이 찾아와 자신의 어려운 사정을 얘기할 때면 서로 눈물을 흘리기도 하지만, 때로는 "전도사님은 너무 무서워요"라는 소리를 듣기도 하는 등 아주 나쁜 '호랑이 전도사' 가 되기도 합니다.

김인아 전도사가 월요일 아침부터 모여 찬송하고 기도로 현장전도를 준비하는 전도대원들에게 전도훈련을 시키고 있다. 전도할 때 주의할 점과 반대 질문에 답하는 법 등을 가르친다.

저자(앞줄 맨 오른쪽)를 비롯한 과천교회 전도대원들이 친목과 단합을 위해 설악산을 찾아가 찍은 기념사진. 2001년 현재 주중에 170여 명의 전도대원들이 활동중이라고 한다.

전도대 성공 요인 네 가지

과천교회 전도대와 5년을 동고동락하면서 우리는 전도대가 잘 되는 이유 네 가지를 자연스럽게 분석할 수 있게 되었습니다.

첫째, 전도대가 모이기를 힘쓴다는 점입니다.

앞서 소개한 대로 우리는 아침 10시면 모여 30분 동안 찬양하고, 30분 동안 기도합니다. 그후 전도지에 전부 자신의 도장을 찍습니다. 고무인을 파서 도장을 찍는 것입니다. 이렇게 하는 것은 전도지를 받은 사람이 혹시 연락하고 싶을 때 전도지를 나눠준 사람에게 연락이 닿도록 하기 위해서입니다. 그렇게 현장에 나갔다가 점심 때 모여 교회에서 같이 식사를 합니다. 식사 후 다시 현장으로 나가서 교회에 나올 만한 집을 골라 찾아갑니다. 그러다보니 빠르면 2시, 늦으면 4시가 되어야 일정이 끝납니다. 매일 그 일을 반복하는 것입니다.

저는 항상 이 점을 강조합니다. 하나님의 일을 하기 위해 가장 중요한 것은 약속을 지키는 데 있다고 말입니다. "모이라"고 할 때 모이고, 하나님 앞에 약속한 것은 꼭 지켜나가는 모습, 그 모습을 통해 하나님의 일이 이루어집니다.

둘째, '인내' 입니다.

인내가 없이는 절대로 전도할 수 없습니다. 한 주에 등록하는 40~50명이라는 숫자는 사실 이 인내의 열매라고 해도 과언이 아닙니다. 40~50명 중 대부분의 사람들은 몇 달, 몇 년을 전도한 사람들입니다. 만약 이런 사실을 염두에 두지 않는다면 전도하는 일은 고역이 될 수밖에 없습니다. 한 달이 가고 두 달이 가도 등록하는 사람이 없을 때는 힘이 빠지게 마련입니다. 왜냐하면 농부는 열매를 보고 힘을 얻고 그 열매를 얻느라 힘껏 농사를 짓는 법인데, 열매가 없으니 농사를 짓고 싶은 마음이 사라지는 것이지요. 어떤 집사님은 아예 제게 이런 얘기를 해왔습니다.

"전도사님, 제게는 전도의 은사가 없는 것 같습니다. 전도대를 그만 둡니다."

그때부터 제가 우리 전도대원들에게 이런 얘기를 했습니다.

"여러분들은 열매에 신경 쓰지 마십시오. 열매는 뿌리는 자가 있을 때 거둬지게 마련입니

전도대원들이 전도하러 나가기 전에 그날 만나고 복음을 전할 영혼들을 위해 기도하고 있다.

전도훈련을 받고 난 전도대원들이 각자 가방에 전도지와 주보 등을 챙겨 넣고 있다.

아파트 단지 앞에서 지나가는 주민에게 전도지를 전하며 복음을 전하는 전도대원의 모습.

다. 지금은 뿌릴 때입니다. 1년이 가고, 2년이 가도 뿌리는 일이 사명이라고 생각하고 복음을 뿌리십시오. 그러다보면 장차 하나님께서는 우리를 통해서든, 다른 사람을 통해서든 역사하시게 되어 있습니다. 우리가 복음을 뿌리는 일 그 자체로 하나님께서는 이미 영광을 받으시는 줄 믿습니다."

그래서 우리는 담임목사님도, 저도, 어느 누구도 열매가 없는 것에 대해 관여하지 않습니다. 성실성을 가지고 책임을 다하고 있느냐 하는 것이 관건입니다.

그러다보니 더욱 놀라운 일들이 생겨났습니다. 1년 만에, 2년 만에, 3년 만에 등록하는 가정들이 생겨났습니다. 저는 그런 가정을 볼 때 그 가정을 향한 한 전도대원의 눈물어린 기도와 땀과 수고가 생각나서 목이 멥니다. 그런 가정일수록 하나님 앞에 바로 세워지는 것을 볼 수 있습니다. 인내의 열매는 그만큼 단 것입니다.

셋째, 핍박을 당연하게 받아들이는 마음입니다.

전도를 하면서 핍박받지 않는다는 것은 거의 불가능합니다. 저는 우리 전도대원들에게 이렇게 말합니다.

"여러분들의 과거 모습을 생각해보십시오. 물론 모태신앙이신 분들도 계시겠지만, 중간에 신앙생활을 하신 분들은 예수를 믿기까지 기독교인들을 얼마나 핍박했습니까? '예수 믿으세요'라고 말하면 제대로 문을 열어준 적이 몇 번이나 됩니까? 우리는 전부 그런 존재입니다. 그러니 핍박하는 분들의 모습을 자연스럽게 받아들이십시오. 오히려 더 적극적으로 받아들여도 좋습니다. 핍박하시는 분들일수록 나중에 예수님을 더욱 잘 믿는 사람이 되지 않습니까?"

실제로 우리 전도대원들은 문전박대 정도는 핍박으로 받아들이지도

과천교회에는 전도대 활동을 견학하기 위해 현장 전도훈련을 받으러 오는 교회들이 많다. 저자가 서울 모 교회에서 방문한 전도대원들을 소개하면서, 타교회 전도팀을 과천교회 전도팀과 한두 명씩 짝을 지어주고 있다.

현장 전도훈련을 받으러 온 이들에게 김인아 전도사가 전도받은 사람들에게서 수거한 우상 용품들을 모아둔 캐비넷을 열어보이고 있다. 이 미신의 물건들은 전도대원의 눈물과 기도로 수거한 것들이다.

않습니다. 찬물을 끼얹었거나 소금을 뿌려도 '그런가보다' 하고 웃으며 돌아섭니다. 누가 그 마음을 그렇게 넓혀줬겠습니까? 성령께서 그 마음을 주님의 마음으로 바꿔놓으시는 것입니다. 소금 뿌리고 물 뿌리던 사람에게 계속해서 전도하고 사랑을 전해보십시오. 그 사람을 어느 날 시장에서 딱 마주쳤을 때 이런 말을 합니다.

"집사님, 우리집에 어려운 일이 생겼어요. 기도해주세요."

어느덧 주님을 의지하는 마음이 그 가정에 심겨진 것입니다. 그렇게 되면 그 집은 전도된 것이나 마찬가지입니다. 모두 핍박을 겁내지 않고 담대하게 나아갑니다. 모든 것은 지속적인 관계전도를 했기에 가능한 일들입니다.

이렇듯 핍박을 두려워하지 않고, 핍박하는 자를 오히려 사랑하게 되면 그 사람은 모든 일의 성공자가 될 확률이 높습니다. 사람 사랑하는 법, 어떤 말에도 웃을 수 있는 여유, 참을 줄 아는 인내는 그 사람의 삶 자체를 아름답게 만들어줍니다. 실제로, 매일 남편과 싸우던 사람도 전도대를 하면서 사람 자체가 달라지고 지혜를 터득하게 되어 가정이 회복되는 일도 있었습니다. 전도자가 받는 축복이란 바로 이런 것입니다.

넷째, '전도는 내가 하는 게 아니라 성령께서 하시는 것' 임을 믿는 일입니다.

보통, 전도하러 나갔다가 현관에 절패가 붙어 있으면 어떻게 합니까? 그냥 돌아서버립니다. 그 집은 절대 전도하면 안 될 집으로 스스로 낙인찍고 마는 것입니다. 우리가 돌아설 때 성령의 역사도 소멸합니다. 그러나 우리가 문을 열고 그 집에 들어설 때 성령께서 역사하십니다.

다시 한번 강조합니다만 전도는 내가 아니라 성령께서 하시는 일입니다. 나는 다만 도구일 뿐입니다. 그 도구가 순종해주지 않으면 어떻게 되겠습니까? 그 도구가 그 집은 아예 전도되지 않는 집으로 단정해버리면 무슨 일이 일어나겠습니까? 성령께서 역사하시면 어떤 집도 전도되지 않을 집이 없다는 믿음이 있어야 합니다. 성령의 절대적인 주권, 그 역사를 체험하고 믿어야만 합니다.

그럴 때 담대함이 생겨납니다. '나는 다만 뿌리는 자' 라는 확신이 서면 오히려 담대하게 복음을 증거할 수 있습니다. 더욱더 무릎 꿇을 수 있습니다. 주님께 맡기는 믿음이 강해지면서 우리의 전도의 발걸음은 더욱 빨라집니다.

우리는 이런 담대함으로 심지어 스님들에게까지 전도합니다. 어느 아파트 단지 내에 암자가 하나 있는데, 그곳에는 주로 팀별로 가서 전도합니다. 한 팀이 복음을 원색적으로 제시하고 돌아오면 다음 팀은 가서 화가 난 스님들의 마음을 달래주고 돌아옵니다. 그러기를 수차례 반복합니다.

인간의 생각으로 볼 때 그들이 주님 앞에 돌아올 것 같습니까? 안 돌아올 것 같습니까? 놀랍게도 승려 한 분이 교회로 나오셨습니다. 승복을 벗고, 염주 다 내놓고 교회로 나오셨습니다. 이런 일을 도대체 누가 할 수 있습니까? 하나님께서 하셨습니다. 성령께서 하신 것입니다.

이런 일이 한 번씩 생겨날 때마다 전도팀은 전도팀대로 힘이 솟습니다. 우리 전도대원들이 계속해서 힘있게 전도할 수 있는 것은 바로 그런 성령의 역사를 체험하기 때문입니다.

전도대의 자랑거리 한 가지

어느 교회든 전도대를 운영하기 위해서는 전도대원들간에 알력이나 파당이 생기지 않도록 각별히 주의하고 기도하는 일이 필요합니다. 하나님의 선한 사업을 하다가도 이런 파당이 생기기 시작하면 결과적으로 많은 아픔과 상처를 남기게 되고, 그것은 하나님의 교회에 치명타를 줍니다. 영혼 구원이라는 선한 목적을 위해서는 과정까지도 선하게 가야 합니다. 적어도 하나님의 사업은 그렇게 수행되어야 합니다.

누구를 등록시켜놓고도 "어째서 네가 했다고 그러느냐? 내가 했지" 하고 옥신각신 한다면 하나님께서 온전히 영광 받으실 수 없고, 전도된 영혼 또한 온전히 세워질 수 없습니다. 나는 죽고, 오직 모든 영광을 주님께만 돌리는 삶의 자세가 될 때 전도 사역은 빛을 발할 수가 있습니다.

우리 전도대원들에게 자랑거리가 한 가지 있다면 바로 그 점입니다. 서로를 신뢰해주고, 서로를 높여줍니다. 네가 등록시켰다, 내가 등록시켰다는 싸움이 일체 없습니다. 저는 그런 모습을 볼 때마다 얼마나 감사한지 모릅니다.

물론 처음부터 이런 모습이 자연스럽게 자리잡았던 것은 아닙니다. 우리 역시 똑같은 죄인의 속성을 지닌 사람들인지라 적잖은 갈등과 아픔이 불쑥불쑥 솟구치기도 했습니다. 저도 매일 새벽기도를 통해 겸손과의 싸움을 한다고 고백했듯이 전도자들은 매일 자기 자신을 쳐서 복종시키지 않으면 오히려 교만해지기 십상입니다.

그래서 우리는 나를 주님께 복종시키는 기도훈련을 많이 합니다. 기도훈련을 하기 시작하면 세 시간이고 네 시간이고 시간가는 줄 모르

하나님은 모든 사람이 구원받기를 바라신다.

게 진행되는 것이 바로 그 때문입니다. 기도 속에서 주님을 만날 때 우리는 비로소 나 자신의 모습을 정직하게 들여다보게 되고, 겸비한 자가 되는 것입니다.

기도훈련 외에도 우리는 서로를 돌아보도록 하는 공동체훈련을 많이 갖습니다. 조별로 모여서 '내가 가장 힘들었을 때', 혹은 '내가 가장 기뻤을 때'에 대해 이야기하면서 함께 울고 웃습니다. 때로는 상대방의 아픔에 눈물바다를 이루기도 하고, 부둥켜안고 기도해주기도 합니다. 구름타기를 하며 웃기도 하고, 김밥말이를 하며 수다를 떨기도 합니다. 전도를 다녀온 뒤에는 서로의 지혜를 교환하기도 하고, 찬양하는 가운데 성령의 하나 되게 하심으로 손에 손을 잡고 뜨거운 눈물을 흘리기도 합니다. 그때마다 우리는 서로가 하나라는 지체의식을 느끼는 것입니다.

또한 이런 내부 갈등의 문제는 실제로 분쟁이 생겼을 때 어떻게 해결해가느냐가 관건입니다. 제가 처음 그런 사건을 겪었을 때 "주(主)의 일은 내 이름을 나타내기 위한 것이 아니라 하나님의 일을 나타내기 위한 것"이라는 점을 주지시켰습니다. 그리고 한 사람씩 불러다가 다독거리며 말씀드렸습니다. 제가 앞서 세워진 사역자로서 그 분을 얼마나 사랑하는지 상기시키면서 잘못된 점들을 타일렀습니다. 그리고 눈물로 기도했습니다. 당파가 생기고 분열이 생긴다면 우리의 전도사역은 아니함만 못하다고 가르쳤습니다.

그런데 어느 순간부터 갈등과 불신의 모습이 싹 없어지기 시작했습니다. 서로를 돕는 일에 힘쓰고, 어떻게 하면 어려움을 같이 나눌까 고심하는 모습이 나타났습니다. 전도대원들 상호간에 진실한 주님의 사랑이 나타나면서 전도의 열매는 더욱 풍성해졌습니다.

"사랑하는 자들아 우리가 서로 사랑하자 사랑은 하나님께 속한 것이니 사랑하는 자마다 하나님께로 나서 하나님을 알고 사랑하지 아니하는 자는 하나님을 알지 못하나니 이는 하나님은 사랑이심이라"(요일 4:7,8).

하나님의 사랑, 그 사랑을 서로 나눌 때 그 공동체는 살아 있는 공동체가 된다고 확신합니다. 우리 안에 이런 하나님의 사랑이 있기에 저는 그 점을 늘 자랑하고 싶습니다. 이런 사랑 속에서 우리는 우리 자신을 낮추고 상대방을 높여주며 결국 하나님께 영광을 돌리게 되는 것입니다.

전도 현장에서는 '간증'이 중요하다

무엇보다 현장에서 그 집 문을 열고 대화를 이끌어가다가 복음을 제시하는 상세한 과정이 어떠해야 하는지가 가장 중요합니다.

먼저, 어느 집이든 처음 들어갈 때는 깔끔한 복장과 친절한 웃음을 머금어야 합니다. 대화는 가급적 가벼운 대화, 상대방의 마음문을 열 수 있는 호의적인 내용이 좋습니다.

"어머, 집이 참 깔끔하네요."

"아이가 참 예뻐요."

"인상이 너무 좋으시네요."

이런 식의 호감어린 말로 시작했다가 슬그머니 본론을 꺼내기 시작합니다.

"혹시 주변에 교회 다니시는 분은 없으세요?"

대부분 이런 질문에 "있다"고 대답합니다. 사돈의 팔촌까지 치면 한 사람이라도 교회 안 다니는 분들은 거의 없기 때문입니다.

"그러면 그 분이 이 가정을 위해서 기도 많이 하겠네요."

이렇게 말씀드리면서 자연스럽게 교회를 소개하면 됩니다.

"우리 교회는 참 좋은 교회예요."

교회 자랑, 목사님 자랑, 예수님 자랑을 늘어놓습니다. 이때 분위기를 보면서 혹시 아기가 아프면 자연스럽게 자신의 간증을 곁들여도 좋습니다.

"우리 아이도 아팠었거든요. 그때 제 마음이 얼마나 아프던지…. 그러나 기도하면서…."

저는 그래서 전도대원들에게 자신의 간증거리를 말할 수 있도록 항상 준비해놓으라고 말합니다. 우리의 삶은 사실 주님 앞에서 간증을 만들어가는 시간들이라고 해도 과언이 아닙니다. 주님께서 내 삶을 어떻게 만지시고 인도하시는지 그 은혜의 통로에 들어가보면 모든 것이 간증거리가 됩니다. 그런데도 그게 은혜인지도 모르고, 축복인지도 모르고 무심히 지나치며 사는 사람들이 많습니다. 영적인 눈을 뜨고 보면 상대방과 공감할 수 있는 간증거리가 우리에게 너무나 많은데도 말입니다.

복음제시는 쉽고 요령있게

그렇게 공감할 수 있는 간증을 들려주고 난 뒤, 상대방의 마음문이 어느 정도 열렸을 때 전도폭발식 복음을 제시합니다.

"우리가 세상에 태어날 때는 순서가 있었지만 세상을 떠날 때는 순서가 없습니다. 하나님께서 언제 부르실지 모르기 때문입니다. 그래서 우리는 늘 준비하고 있어야 합니다. 그것을 어떻게 준비할까요?"

이때 성경을 펼쳐 보여줍니다.

"예수께서 가라사대 내가 곧 길이요 진리요 생명이니 나로 말미암지 않고는 아버지께로 올 자가 없느니라"(요 14:6).

이 말씀을 전하면서 우리는 주로 관악산 얘기를 합니다.

"관악산에 오르려면 연주대 쪽으로도 갈 수 있고, 서울대 쪽으로도 갈 수 있고, 여러 다른 길로도 갈 수 있지만, 천국에 갈 수 있는 길은 오직 한 길밖에 없습니다. 그 길은 바로 예수님이십니다."

이때 어떤 반론이나 논쟁이 되지 않게 하기 위해서는 바로 예수님을 소개하는 게 좋습니다. 혹시 반론이 제기되더라도 적절한 예화로 설명해주면 좋습니다. 이론적으로 설명하면 오히려 논쟁 쪽으로 흘러가기 쉽기 때문입니다.

어떤 분들은 대뜸 그럽니다.

"천국이 어디 있어요? 죽으면 그만이지."

"그럼 제가 이해를 돕기 위해 한 가지 도움 말씀을 드릴게요. 애기가 엄마 뱃속에 몇 달 있나요?"

"열 달 있지요."

"그래요. 그런데 엄마 뱃속에 열 달 있는 동안 혹시 누군가가 거기 가서 아이에게 '아가야, 너 열 달 후에 엄마 뱃속에서 나가면 엄청난 세상이 준비되어 있단다. 거기에는 냉장고도 있고, 피아노도 있고, 컴퓨터도 있단다'라고 말하면 그 아기가 믿을까요? 100퍼센트 안 믿겠죠. 안 봤으니까."

"그렇겠죠."

"그래요. 그러나 아기는 열 달 후에 원하든 원치 않든 밖으로 나와야 합니다. 엄청난 세상이 준비되어 있기 때문이죠. 마찬가지입니다. 성경말씀에는 모든 구원의 비밀이 감춰져 있는데, 이 말씀 속에 구원의 길, 영생의 길이 분명히 제시되어 있습니다. 우리는 설마 천국이란 게 있을까 하고 생각하지만 아기가 열 달 후에 반드시 다른 세상을 맞이하는 것처럼, 우리도 생(生)을 마감하면 또 다른 세상을 맞이하는 것입니다. 어떠세요? 이해가 좀 가세요?"

그러면 대부분은 고개를 끄덕거립니다. 제가 시험해본 결과, 대부분 수긍하는 모습을 보였습니다.

전도하는 사람은 이 시점을 놓치지 말고 바로 죄 문제를 제기해야 합니다.

전도 현장에서 역사하시는 성령

"인간은 죄인입니다. 저도 죄인이고, ○○ 어머니도 죄인입니다. 혹시 죄가 전혀 없다고 생각하세요?"

"아니요."

"그래요. 어떤 사람은 죄 없다고 생각하는 사람도 있습니다. 하나님의 말씀에 죄는 두 가지로 나뉜다고 했습니다. 하나는 모르고 범하는 죄가 있고, 또 하나는 인간이 스스로 짓는 죄인데 그 죄 중에는 마음으로라도 음욕을 품는 죄까지 포함됩니다. 사람을 미워하는 것, 속으로 살인하는 것 그런 것까지 죄라는 것입니다."

이렇게 얘기가 진척되면 대부분 아무 말을 못 합니다.

"그래서 인간은 죄인입니다. 그 죄를 해결하기 위해 예수께서 이 세상에 오신 것입니다. 하나님은 거룩하신 분이고 인간은 죄인이기 때문에 본질상 하나로 합할 수 없는 존재인데, 그 사이에 막힌 담을 헐기 위해 예수께서 오셨습니다. 예수께서 십자가에서 우리 죄를 대신해서 죽으심으로써 하나님과 나와의 끊어진 관계가 회복된 것입니다. 하나님과 나와의 끊어진 그 길을 예수님의 십자가가 연결해주신 것이지요. 예수님의 그 십자가 사건을 믿으면 우리는 구원을 얻을 수 있습니다. 죄 문제를 해결받을 수 있습니다. 요한복음 5장 24절에는 '내가 진실로 진실로 너희에게 이르노니 내 말을 듣고 또 나 보내신 이를 믿는 자는 영생을 얻었고 심판에 이르지 아니하나니 사망에서 생명으로 옮겼느니라'고 말씀합니다. 당신이 예수님을 영접하면, 마음속에 모셔들이면 이미 구원을 얻었다는 것입니다."

이런 식으로 진행되다보면 영접기도까지 이릅니다. 결신을 하게 되는 것입니다. 그런데 진짜 핵심은, 전도하러 다니다보면 생각지도 못한 지혜가 생겨나서 질문에 꼭 맞는 대답이 쏙쏙 나온다는 사실입니다.

지금까지 대략적인 전도의 실제에 대해 설명해드렸습니다. 하지만 이것은 어디까지나 참고가 될 뿐입니다. 당신의 전도 현장에서는 이

보다 더한 성령의 지혜와 도우심으로 불신자들이 돌아오는 사건들이 생겨날 줄 믿습니다. 성령께서는 전도자에게 말할 수 없는 지혜와 은사를 부어주십니다.

전도대원들의
승전보

전도대원들의 가정 가정을 보면 모두가 한 가지 이상의 어려움이 있습니다. 하지만 아무도 핑계를 대거나 그 어려움 때문에 복음증거하는 일을 망설이지 않습니다. 하나님께 최우선으로 시간을 바칩니다. 심지어 생명까지도 아끼지 않고 내어드리는 심정으로 전도에 전념합니다.

사랑스러운 전도대원들

일선전도대에 대한 얘기를 하기 시작하면 며칠 밤을 새도 모자랄 지경입니다. 전도대원들의 열심과 헌신, 순종과 봉사, 서로를 향한 섬김과 사랑은 저들이 바로 주님의 사람들임을 증거합니다. 매일 모이는 전도대는 거의 99.9퍼센트의 출석률을 보이고, 빈부귀천을 떠나 하나 되는 모습 속에 성령의 하나 되게 하심이 엿보입니다.

술 끊고, 담배 끊고, 허세와 허영을 버리고, 오직 모든 은사는 복음 증거하는 데만, 교회 일 하는 데만 사용하는 전도대원들의 모습 속에서 하나님의 기뻐하시는 모습을 봅니다. 세상에서 쟁쟁하다는 분, 외국까지 가서 공부하고 온 분, 놀기 좋아했다는 분들조차 복음을 알고, 전도대에 들어와 생활하면서 영혼 사랑하는 일에만 힘을 쓰는 모습을 보며 저도 매우 놀랍니다. 심지어 그분들 자신조차 놀라워합니다.

저는 이번 장에서 그런 분들의 놀라운 스토리를 이야기하고자 합니다. 놀랍고 뜨거운 간증이 많지만, 지면 관계상 몇 편만 소개해볼까 합니다. 아무쪼록 이들의 승전보 속에서 하나님의 살아계심과 전도에 대한 더 큰 도전을 받으시기 바랍니다.

전철 정액권의 사랑

얼마 전, 저는 전도대원으로부터 다음과 같은 편지를 받은 적이 있습니다. 이 글을 읽다보면 우리 전도대원들이 극한 아픔과 어려움 속에서도 얼마나 전도에 대한 사명을 감당하려고 애쓰며 사는지 느낄 수 있을 것입니다. 저는 이 글을 읽으며 '복음이 무엇이길래 이토록 복음을 증거하기 위해 애를 쓰는가?' 하는 생각이 들었습니다. 혹시라도 이 글 속에 저에 대한 자랑이 있다면 그것은 잊어버리시고, 이 편지 속에 담겨진 주인공의 마음자세만 생각하시기 바랍니다.

할렐루야! 전도사님 보세요.

두 장의 전철정액 승차권! 전도사님, 저는 전도사님의 봉투를 받아 들고 얼마나 미안하고 죄송했는지 몰라요. 그리고 집에 와서 전철 승차권을 발견하고는 목이 메서 얼마나 울었는지 몰라요.

'하나님께서 어쩌면 이렇게 세밀하게도 나의 사정을 다 아실까? 전도사님은 또 어떻게 알았을까?'

실은 주일 저녁 저의 총재산은 7천 원이었습니다. 그런데 아이들이 탕수육이 먹고 싶다고 해서 "그럼 엄마가 7천 원이 있으니 4천 원은 내일 차비하고 나머지 3천 원으로 돼지고기를 사오라"고 했더니 아빠가 "안돼. 엄마 차비 없으니 탕수육은 다음에 해먹자"고 그러더군요. 그래서 저는 "내일 차비는 있으니 고기 사와도 된다"면서 서로 실랑이를 벌였습니다.

이렇게 처량하고 눈물나는 형편이었음에도 불구하고 토요일 저녁 전도대 기도회에서 전도사님의 말씀을 듣고 은혜를 받은 터라 마음이 그렇게 평안할 수가 없더라고요. 그러면서 '만약 내일 교회올 차비가 없으면 집에서 기도하고 바로 집 앞에 있는 교회의 주보를 우리 아파트 단지 안에라도 돌려야겠다'고 생각하면서 전도대를 나왔습니다.

그런데 전도사님께서 봉투를 주셨으니 제가 얼마나 놀라고 감사했겠습니까? 너무나 세밀하신 하나님의 은혜로 인하여 몸둘 바를 모르겠더라고요. 집에 와서 남편에게 이 이야기를 했습니다. 남편은 "전도사님이 우리에게 왜 그렇게 잘해주느냐?"고 하면서 "이 은혜를 어떻게 다 갚느냐? 너무나 감사하다. 전도사님의 얼굴을 어떻게 보느냐?"고 합니다. 하나님께 감사드립니다.

전 원짜리 한 장 한 장까지 헤아리도록 저를 낮추시고, 그러면서도 은행에 돈을 쌓아놓고 있을 때보다 더 평안한 마음과 소망을 주신 하나님께 정말로 감사드립니다. 전도사님, 전에는 은행에 몇 천만 원씩이나 있으면서도 남편이 월급 한 달 안 가져오면 그렇게 속상해 하고 남편과 말도 안 하고 그랬거든요. 그런데 지금 제 총재산이 4천 원 밖에 없으면서도 제 마음속에는 더욱더 소망이 생기고 하나님께 감사한 마음이 생기는 걸 느끼고는 저 자신도 굉장히 놀랐습니다. 그러면서 '아, 바로 이런 것이 하나님께서 주시는 평안한 마음이구나'라는 걸 깨달았습니다.

그런데 전도사님, 월요일에 무슨 일이 있었는지 아세요? 실은 월요일이 주택은행에 밀린 신용카드 연체료, 대출 원금 등 총 400만 원을 입금하지 않으면 고모부 재산에 압류가 들어간다고 통고받은 날이었거든요. 또 주일날 저녁에는 파출소에서 우리를 잡아간다고 경찰이 왔고요. 그래서 "경찰 아저씨, 일주일만 봐주세요. 그때까지 꼭 돈을 다 갚을게요" 하며 경찰 아저씨께 약속을 했었지요. 그런데 전도사님, 월요일 오후 남편이 통장으로 천만 원을 보내주었어요. 우리 하나님, 정말 감사하지요. 그래서 월요일, 화요일에 걸쳐서 연체료, 벌금, 큰딸 등록금, 기타 공과금 등 천만 원이 공중 분해 되어버렸지 뭐예요.

하지만 잠깐이나마 하나님께 죄송한 순간이 있었어요. 천만 원을 주신 하나님께 감사하면서도 이것저것 다 내고 나니 생활비가 없는 거예요. 그러면서 십일조가 시험이 되더라고요. 애기아빠가 언제 또 돈을 줄지 모르는데 그때까지 쓸 생활비라도 남겨놔야지 하는 생각과 계산이 되었기 때문이에요. 사람이 이렇게 은혜를 몰라요. 그렇지요? 그런데 4천 원밖에 없을 때도 기뻐했던 마음이 생각나면서 십일조에 대한 시험이 싹 사라졌습니다. 그리고 기쁜 마음으로 십일조를 드렸습니다.

전도사님, 부족한 저를 이끌어주셔서 정말 감사해요. 남편 말마따나 이 은혜를 어떻게 갚아야 할지 모르겠어요. 정말 감사해요. 늘 기도할게요.

이 편지를 읽는 순간 저는 하나님 앞에 얼마나 감사했는지 모릅니다. 그리고 이 가정을 위해 눈물을 흘리며 기도했습니다.

"하나님, 이분에게 복음이 들어가지 않았다면 어찌했을까요? 아마이 시간에 어떻게든 밖에 나가서 가정을 구하려고 돈벌이를 했을 겁니다. 그것을 마다하고 차비가 없는 형편에 처하면서까지 하나님 앞에 나와 복음을 증거하며 살아가게 하셨으니 감사합니다. 하나님, 이가정에 1억 원이 아니라 10억 원까지도 쏟아 부어주옵소서. 그래서 마음 놓고 주님의 복음을 증거할 수 있도록 하나님, 도와주옵소서."

이분의 경우처럼, 복음증거하는 일은 환경이 좋아서 하는 게 아닙니다. 일선전도대원들의 가정 가정을 보면 모두가 한 가지 이상의 어려움이 있습니다. 하지만 아무도 핑계를 대거나 그 어려움 때문에 복음증거하는 일을 망설이지 않습니다. 하나님께 최우선으로 시간을 바칩니다. 심지어 생명까지도 아끼지 않고 내어드리는 심정으로 전도에 전념합니다. 그러다보니 우리 전도대원들에게는 놀라운 간증이 많이 쏟아집니다. 전도하다가 얻은 간증, 직접 자신이 체험한 간증, 모두가 풍성하고 은혜롭습니다.

간증 #1 성경책 앞면에 적어놓은 이름들

정종선 집사

저는 일선전도대를 통해 전도하면서 전도된 연약한 영혼들을 위해 함께 기도하며 권면할 때 먼저 그들이 영적으로 회복되어지고 치유되며 또한 하나님께서 저에게도 넘치도록 은혜주심을 체험하게 되었습니다.

저는 얼마 전에 교회 옆으로 이사 오신 분을 전도한 일이 있습니다. 이사 오셨다기에 별 생각 없이 한번 찾아가본 것뿐인데 이분이 후에 말씀하시기를 "교회에 가기는 가도 천천히 가려고 생각하고 있었는데 왜 집사님께 문을 열어주어 교회에 나가게 되었는지 지금도 잘 모르겠습니다"라고 했습니다.

또 우울증이 심해 정신병원에 여러 차례 입원도 하고 온몸이 굳어져 걷기조차 힘들어 하던 분이 계셨습니다. 그 분이 어느 날 갑자기 교회에 가고 싶은 마음이 불같이 일어나 믿지 않는 아버지께 새벽에 교회에 데려가 달라고 했답니다. 그래서 언젠가 본 적이 있는 과천교회를 생각하고 가다가 제가 속한 일선전도대팀을 만나 교회에 나오게 된 분도 있습니다. 그 분은 저희 일선전도대원들과 아침저녁으로 함께 기도하면서 온전히 치료되어 상냥하고 아름다운 모습으로 변화되었습니다.

성경책 앞에 기록해둔 이름은 '내 돈 빌려간 사람'이 아니라 전도 대상자이다.　　　　2001 Copyright ⓒ kyujang

　이러한 모습을 보면서 전도 현장에 나가서 전도 대상자를 찾을 때마다 만날 사람을 우리가 찾아가는 것이 아니라 성령의 인도하심으로 예비된 사람들을 만나는 것임을 몸소 체험하게 되었습니다. 그러다보니 저의 기도는 나의 필요를 구하는 기도가 아니라 어떻게 하면 하나님을 기쁘시게 할까 하는 기도로 바뀌었습니다.

　일선전도대에 참여하여 전도는 하고 있었지만 지난 '97년 가을 총동원전도주일 때까지만 해도 저의 가장 가까운 사람들, 즉 남편, 친정어머니, 오빠, 올케 등은 교회에 출석하지 않았습니다.

　저는 이분들의 이름을 성경책 첫 면에 적어놓고 계속 기도하고 있었습니다. 그러던 중, 총동원전도주일을 앞두고 지옥에 보내서는 안 될 사람을 써낼 때 다른 교인들은 주위 가까운 이웃들을 써내는데 저는 멀리 계시는 시댁 식구들, 친정 식구들 이름을 써냈습니다. 그리고 128시간 연속 기도회 등을 통해 많은 분들의 집중적인 기도를 받았습니다. 그후 어떤 일이 벌어졌을까요? 하나님의 은혜로 친정어머니와 오빠, 올케가 과천교회에 출석하게 되었습니다. 놀라운 것은 모두 먼 곳에 사시는 분들인데도 저희 과천교회를 통해 처음 교회를 나오게 되었다는 것입니다.

올케는 원래 독실한 불교 신자로 30년 넘게 절에 다니며 사찰의 재정까지 맡아보던 분이었습니다. 그러나 오래 절에 다녀도 마음의 평안을 얻지 못하고 부처가 인간의 근본적인 문제를 해결해주지 못한다는 것을 깨닫게 되었다고 합니다. 불안한 마음에 부적도 더 붙이고 더 열심히 불공도 드려보았지만 소용이 없다고 느끼고 있을 즈음에 저의 전도를 받고 예수님을 영접한 것입니다. 예수님을 영접한 후에는 하나님의 사랑과 평안을 알게 되고 교인들이 서로 주님 안에서 사랑하고 권면하고 남을 위해 중보기도를 하는 모습에 감동을 받았다고 합니다. 그러면서 '어떠한 형편에 처하더라도 하나님은 나를 사랑하신다' 는 것을 깨닫게 되었다고 합니다.

이러한 올케의 고백을 듣고 전도하러 다니다가 절 표시나 부적이 붙어 있는 집을 보면 '이 가정은 얼마나 불행한 가정인가, 그 마음들이 얼마나 공허할까?' 하는 생각에 그 가정을 위해 전도하게 해달라고 간절히 기도하게 됩니다. 이제 저의 친정식구들을 위해 바라는 것은 하나님의 사랑을 처음 체험한 과천교회에서 신앙생활을 계속할 수 있었으면 하는 것입니다.

4월 12일 봄 총동원전도주일을 앞두고 전도 대상자들을 써넬 때에 이제는 시댁과 친정 식구들 중에서는 써넬 사람이 없다는 사실에 하나님께 영광을 돌립니다. 성경책 앞부분에 적어놓은 전도 대상자들의 명단을 이제 와서 살펴보니 그중 1/3 정도는 전도되어 있는 것을 보았고 그래서 하나님께 감사를 드립니다.

이렇게 전도대원으로 사용해주시는 하나님께서 연단을 통해 오늘의 저를 만드셨기에 어려운 환경이 있는 가까운 믿음의 식구들에게 어려울수록 전도하자고 권면하게 됩니다. 가족 구원을 위해 눈물로 기도하시는 분들은 저의 간증으로 용기를 얻기 바랍니다.

간증 #2 불량청소년 전도

이옥단 권사

우리집 아이들이 중학생이 된 후 가끔 학교에서 있었던 일이나 친구들 이야기, 혹은 선생님들의 이야기를 들으면서 저녁식사 시간이 길어질 때가 종종 있었습니다. 그중에 김중식(가명)이라는 같은 반 아이 이야기가 유난히 내 마음을 끌었습니다. 흔히 비행청소년이라는 아이의 이야기를 매스컴이나 드라마를 통해 보긴 했지만 직접 듣고 나니 그 아이의 영혼이 불쌍하고, 정말 내가 복음을 전하지 않고 내버려둔다면, '중식'이의 영혼을 망칠 것 같아 몹시 괴로웠습니다.

우리 아이에게 주소를 물어보았더니 펄쩍 뛰면서, 엄마가 상상하는 것보다 훨씬 악한 아이니까 절대 접근하지 말라고, 상대도 해주지 않을 것이라고 하는 것이었습니다. 기도하면서 고민하던 중 담임선생님과 면담할 일이 있어서 학교에 찾아갔습니다. 자초지종을 말씀드리고 주소와 전화번호, 대략의 가정환경을 알아냈습니다. 그런데 막상 그 아이의 부모에게 접근하려니 너무나 막연했습니다. "당신 아들이 이렇게 나쁘니까 전도하러 왔다"고 말하면 어느 부모가 이를 반겨주겠습니까? 자기 자식을 감싸려는 것이 어머니의 본능이기 때문입니다.

그런데 우연히 아는 집사님에게 그 주소를 보여주며 혹시 아느냐고 물었더니 중식이네가 작년에 그 집사님 댁 지하에 세 들어 살았다는 게 아닙니까. 주저할 것도 없이 그 집사님을 앞세우고 중식이 집에 전도하러 갔습니다. 중식이 어머니도 자녀 때문에 너무나 많은 고통을 당해서 이제는 체념하고 눈물로 나날을 보내던 중이었습니다.

함께 예배를 드리고 다음 날 방과 후 집에서 아이를 만나기로 하고 나왔습니다. 저는 새벽에 열심히 기도한 다음 학생을 만나러 갔습니다. 그랬더니 잠옷바람으로 누워서 저를 멀거니 바라보며 인사도 하지 않았습니다. 같은 반 아이의 엄마라는 것을 감추고 그냥 교회 주일학교 교사인데 밖에 나가서 이야기 좀 하자며 달래서 데리고 나왔습니다.

요즘 유행하는 가수 이야기, 음악 이야기 등을 나누면서 "너는 지금의 네가 마음에 드니?" 하고 물어보았습니다. 중식이는 고개를 저으면서 자신이 싫고, 부모가 죽이고 싶도록 밉고, 아무런 만족이 없다고 말했습니다. 아빠는 지방에서 생선가게를 하고, 엄마는 서울에서 오후 7시부터 간이술집을 경영하고 있었습니다. 중식이는 욕구불만으로 가득 차 있었고, 동생은 초등학교 6학년인데 저능아였습니다. 그 아이의 외모에서 풍기는 인상도 정상이 아니고, 성격도 난폭하고 도벽도 있다고 했습니다.

참으로 안쓰럽고 불쌍해 보였습니다. 저는 눈물을 글썽이며 그 아이의 손을 잡고 위로했습니다. 그래도 하나님은 너를 사랑하시고 보배롭고 존귀하게 여기신다는 것과 예수 그리스도의 십자가와 부활에 대해 설명해주었습니다. 또 성령님도 함께하시고 지금도 옆에 계셔서 도우시고 위로하신다는 것을 쉽게 설명하며 복음을 전했습니다. 중식이는 너무나 순수한 표정과 온유한 모습으로 "네! 네!" 대답하면서 복음을 받아들이고 함께 기도하는데 도저히 비행청소년이라고 믿어지지 않았습니다.

비행청소년 전도, 모성애를 가진 아줌마에게 강점이 있다.　　　　　2001 Copyright ⓒ kyujang

　'수없는 가출과 폭음, 도둑질, 거짓말, 감히 입에 담을 수도 없는 욕설을 하는 아이가 이렇게 순진할 수 있을까?'

　다음 날 예배에 출석할 것을 약속하고도 못 미더워 직접 어머니에게 데려다주고 집으로 돌아왔습니다.

　그러나 주일날, 예배 시간에 맞추려고 30여 분 전에 그 집에 갔을 때는 상상할 수 없는 상황이 저를 기다리고 있었습니다. 어머니는 아이를 교회에 보내기 위해 옷을 다리고 말끔히 준비시켜서 달래는데도 중식이는 자기 옷을 휴지처럼 구겨서 엄마에게 던지며 갖은 욕설을 퍼붓고 문이 부서져라 닫고는 제 방에 들어가버리는 것이었습니다. 저는 중식이 어머니에게 나에게 맡기라고 제지시키고 나서 방으로 들어갔습니다. 아이를 붙들고 간절히 기도한 후 옷 갈아입기를 권했습니다. 그러나 아이는 안방으로 도망가면서 "다음에 갈게요"만 연발했습니다. 다시 안방으로 따라 들어가서 눈을 정면으로 마주 보았을 때 그 아이는 어제 복음을 받아들이던 순진한 모습이 아닌 전혀 다른 얼굴을 하고 있었습니다.

속으로 계속 기도하면서 "네가 만일 오늘 교회에 가지 않는다면 나는 이 집에서 하루 종일 나가지 않겠다. 네가 양보하고 교회에 가는 것이 현명할 것이다"라고 강압적인 태도로 대응했습니다. 또 달래기도 했습니다. 어찌어찌 실랑이를 하다가 결국은 차에 태워 교회에 왔는데 이미 예배가 시작된 중간이었습니다. 그래도 저는 아이를 밀어넣었습니다. 그리고 옆에서 예배를 드린 후 교사에게 분반공부를 부탁했습니다. 이런 식으로 여러 주 동안 실랑이하며 교회에 데리고 다녔습니다.

더러는 빠지기도 했지만 꾸준히 교회에 나왔습니다. 또 여름수련회도 따라갔습니다. 식사 메뉴가 맘에 들지 않는다고 하면 기도원을 빠져나가 시내에 있는 식당에 가서 밥을 먹이면서 마지막 날까지 수련회에 참석하게 했습니다.

'좋아질 수 있을까?'

제 마음은 답답하기도 하고 막막하기도 했습니다. 얼마 지나 그 학생의 어머니를 만났습니다. 그런데 그 어머니가 반갑게 다가와서 손을 잡으며 고맙다고 인사를 하는 것이었습니다. 중식이가 조금씩 달라지고 있다고. 그래서 마음에 소망이 생기고 또 감사해서 새벽기도까지 나가 기도하는 중이라고 했습니다.

그뿐만이 아닙니다. 저희 아이 입학원서를 쓰기 위해 면담 차 학교의 담임선생님을 만나러 갔을 때에 선생님도 몹시 반가워하셨습니다. 중식이 이야기로 하루를 시작하여 중식이 이야기로 하루가 끝이 나기 일쑤이더니 어느 날부턴가 체육시간이 지나도 그 반에서 물건이나 돈을 잃어버렸다는 소란이 줄어들었고 또 코피가 터지고 상처가 나게 몸싸움을 하는 일도 점점 줄어들더니 학교 전체가 다 조용해진 것 같다고 말씀하셨습니다. 끝으로 선생님이 "어머니! 학교에서도 감당 못하고 부모님조차 속수무책이던 아이를 도대체 어떻게 하셨기에 이렇게 변화시킬 수 있습니까?"라고 물으셨습니다.

"저는 아무것도 한 일이 없어요. 다만 그 학생을 교회로 인도하여 예수님을 믿게 한 것뿐인데, 하나님께서 그 아이를 고쳐주셨습니다. 선생님도 예수 믿으세요."

선생님과 저는 학생들에 관해 많은 이야기를 나누었습니다. 학교에 자원봉사자로 나온 상담자가 있기는 하지만 효과는 전무하다는 것이었습니다. 비행청소년들에게 체벌을 가해보기도 하고, 더러는 정학처분이나 퇴학처분을 받아 학교를 마치지 못하게 되는 아이도 있지만, 그렇다고 아이들이 좋아진 사례는 한 건도 없다는 것이었습니다. 점점 타락해가는 우리 청소년들을 복음 이외에 무엇으로 돌이킬 수 있겠습니까?

간증 #3 칠성당과 예수님
우정인 권사

제가 시집을 오니까 시어머니는 대청마루에 칠성당을 꾸며놓고 점을 치며, 시아버님은 경주에서 작은댁과 함께 따로 살고 계셨습니다. 저의 친정도 남 못지않게 유교를 숭상하는 집안이었습니다. 하지만 칠성당까지 만들어 우상을 섬기는 시댁을 썩 내켜하지 않았습니다. 그러나 어른에게 순종하며 효도하는 것이 여자의 최고 미덕이라고 배운 저는 그저 어머님이 시키는 대로 우상 섬기는 데 필요한 것들을 해드렸습니다. 또 시아버님이 그렇게 사셔도 그 시대에는 흔히 있을 수 있는 일이라 여기며 작은 시어머니(?)에게도 깍듯하게 시어머니 대접을 해드렸습니다.

남편의 직장을 따라 서울에 와서 살게 되어 시골의 시어머니를 모시고 함께 살게 되었습니다. 그때 시어머니는 서울로 오시면서 시골 대청마루에 차렸던 칠성당의 위패를 가져오셨습니다. 둘 장소가 마땅하지 않자 지붕 위에 작은 방을 따로 만들어놓고 아주 정성스럽게 모셨습니다. 저도 시골에서는 그런 마음이 들지 않았는데, 그것을 지붕 위에 두자 기분도 나쁘고 몹시 무서운 생각이 들었습니다. 그래서 저는 아이를 업고 자주 밖으로 나갔습니다.

그 즈음 남편은 직장을 그만두게 되고 하는 일마다 실패를 맛보았습니다. 우상에만 더욱더 몰두하는 시어머니, 남편의 방황, 무엇이라고 꼬집어 말할 수 없는 답답하고 음침한 집안의 분위기, 거기에다가 시아버님이 시어머니의 소일거리로 마련해주신 슈퍼까지 맡아 하게 되자 몸과 마음은 지칠 대로 지쳤습니다.

남편에게 성실한 지성인의 면모는 찾아볼 수 없게 되었습니다. 남편은 절망에 찌든 바닥 인생에서 세상만사를 다 잊어버리려는 듯 도박에 빠져들었습니다. 성격도 난폭하게 변하여 가족들에게 손찌검도 하고 도박에 필요한 돈을 마련하기 위해 거짓말도 밥먹듯이 하며 돌아다녔습니다.

저희 가정은 그야말로 궤도를 벗어난 열차 같았습니다. 너무나 아슬아슬했습니다. 답답했던 저는 늘 보는 것이 점치는 것이라 아주 쉽게 이곳저곳으로 점을 보러 다니다가 시어머니가 하는 일(우상 섬기는 것)을 며느리인 제가 물려받아야 집안이 편안하고 남편도 잘된다는 말을 들었습니다. 그래서 저는 "내가 희생하여 여러 사람이 편하다면, 시어머니가 섬기는 신(神)이 참신이라면 나도 그 신을 섬기겠다"는

예수 믿도록 하기 위한 시련도 있다.

각오로 무당들이 모여 있는 산으로 들어갔습니다. 저는 그곳에서 무당들이 시키는 대로 대나무 가지를 잡고 밤새도록 흔들어보았습니다. 하지만 신은 내리지 않았습니다.

저는 밤마다 가위에 눌리고 숨이 막힐 정도로 목이 조여 오는 이상한 증세에 시달리다가 두 번이나 집을 뛰쳐나갔습니다. 저는 이름도 모를 병에 걸리고, 남편은 정처 없이 떠돌고, 아이들은 시아버님 댁으로 가고, 저희 가정은 이렇게 산산조각이 나고 말았습니다. 시어머니는 귀신의 장난이라며 자꾸 굿을 하자고 했지만 저는 그것만은 용납할 수 없었습니다.

참다못한 시아버님이 시골에 젖소농장을 마련해주셔서 고향으로 돌아갔지만 남편은 그것마저 팔아서 노름판에 쏟아부었습니다. 저는 이혼도 생각해보았습니다. 친정 동생의 가게일도 해보았습니다. 하지만 남편이 진 노름빚은 너무나 많았고 병든 몸과 마음은 너무나 불안정해져갔습니다.

저는 아무에게도 말하지 않고 서울로 왔습니다. 그리고 직업소개소를 찾아 가정부 일을 구했습니다. 며칠을 기다린 끝에 세검정의 어느 목사님 댁으로 가게 되었습니다.

그곳에서 저는 그 분들의 생활을 보며 천국이 바로 이런 곳이라는 생각을 했고 평안함을 맛보았습니다. 그러던 어느 금요일 철야기도회에서 저는 장애인의 찬양에 큰 은혜를 받게 되었습니다. 영화 필름처럼 지나가는 지난날의 죄를 회개하게 되었습니다. 저는 방언의 은사를 받아 기도하는 기쁨을 누리는 가운데 내가 죄인임을 확실히 깨닫고 남편과 모든 가족을 다 용서하고 사랑하는 마음이 생겼습니다. 저는 예수 믿는다는 것을 시댁과 친지들에게 알리고, 가정부로 있던 목사님 댁의 도움으로 과천에 조그만 방을 얻어 남편과 함께 살게 되었습니다.

그러나 당장은 생활이 막연했습니다. 그래서 간병인으로 나섰습니다. 뜻밖에 수입이 좋아 얼마간의 돈을 모았으나 남편이 그 돈을 부동산에 투자했다가 모두 잃었습니다. 그후 몇 번 이런 일이 반복되자 저는 생활을 남편에게 맡기고 전도에 전념하기로 결심하게 되었습니다.

그런데 그렇게 별거중에 남편은 어느새 예수님을 영접하여 시어머니를 교회로 인도하게 되었습니다. 저는 어릴 때 맡긴 딸을 데리러 경주의 작은 시어머니에게 갔다가 그곳에서 복음을 전했습니다. 작은 시어머니는 울면서 복음을 받아들였습니다.

남편은 지금 조그만 개인회사에 다니고 있습니다. 하지만 물질의 궁핍함은 느끼지 못하며 십일조와 감사헌금을 은혜로 감당하고 있으며 부족한 것과 필요한 것은 하나님께서 채워주신다는 것을 늘 체험하고 있습니다. 하나님께서는 교통에 불편을 느끼는 사람이나 전도한 사람을 교회로 데려오는 데 쓰라고 큰 차까지 주셨습니다. 큰아들이 비행기 조종사 자격증을 따고 1년간 호주 유학도 다녀오게 하셨습니다. 결핵에 걸렸던 딸도 믿음으로 병을 이겼습니다. 무엇보다 지금은 가정에 평안과 감사가 있어 행복합니다.

건강을 회복한 저는 일선전도대원으로 전도에 진력하고 있습니다. 이제 저희 가정은 시련을 통해 하나님을 만나고 그 하나님을 전하기 위해 쉬지 않고 기도하며 부지런히 불신자들을 찾아가기로 다짐하고 있습니다.

간증 #4 과천교회 전도 실습을 다녀와서
영천 동문교회 서예환 집사

저희 교회 목사님께서 과천교회에 다녀오신 후 저희들에게 과천교회에 전도 실습을 다녀오라고 하실 때, 우리는 모두 "이렇게 더운 날씨에, 그 멀리, 며칠씩이나…" 하며 불평을 털어놓았습니다. 그러나 "몸이 아파 병원에 입원한 셈 치십시오"라는 목사님의 한마디에 모두들 불평을 거두고 순종하겠다는 마음을 먹게 되었습니다. 만일 내가 아파서 병원에 있다면 아무리 바쁜 일이 있어도 핑계치 않고 아픈 몸부터 치료하지 않겠나 하는 마음과, 평생을 하나님과 교회를 위해 헌신하신 육순 넘으신 사모님부터 앞장 서는 모습을 보니 성도로서 망설일 수 없다고 느꼈기 때문입니다.

출발 준비를 마치자 '고생하겠구나!' 하는 마음과 '고생해도 배울 것은 배워야겠다'는 두 마음이 들었습니다. 출발한 당일 월요일 오전 11시 30분에 과천교회에 도착했고 일선전도대와 만남을 가졌습니다.

모두 밝고 상냥한 모습이었으며 전도의 열기가 대단하다는 것을 느낄 수 있었습니다.

전도에 관한 강의를 듣고 실제 일선전도대원들과 조를 짜서 현장에 나가 한 가정도 빠짐없이 초인종을 누르며 기도하고 기록하며 최선을 다하는 모습에 저는 굴복하고 말았습니다. 아주 특별한 방법이라는 생각이 들면서 전도할 때의 제 약점도 발견하게 되었습니다. 또한 책임감 투철한 모임과 뜨거운 찬양, 기도가 아주 큰 힘이 된다는 것도 실감했습니다. 다른 어떤 방법이 일선전도대의 전도전략보다 더 나으랴 싶었습니다.

"주는 것이 받는 것보다 복이 있다"는 과천교회 표어처럼, 하나님의 사랑하심과 생명의 떡을 나누려고 하는 교회가 있으니 과천시민은 아무 걱정도 없구나 하는 마음이 들었습니다. 어떠한 근심 걱정도 전도대의 초인종 누르는 소리에 사라지고, 그 문을 열고 전도대의 안내를 받으면 모든 문제가 해결되는 역사가 나타날 줄로 믿습니다. 어둠이 내린 저녁, 공원의 많은 시민들의 모습을 보면서 '과천은 과연 전도의 황금어장이구나' 하고 느꼈습니다.

저희는 돌아오는 차 안에서 김찬종 목사님의 설교 테이프를 들으며 전도자로서의 사명을 다졌습니다.

우리들을 극진히 배려해주신 과천교회와 지도해주신 전도사님께 깊은 감사를 드립니다. 저희도 배운 대로 적용하며 열심히 전도하겠습니다.

오늘은 이곳, 내일은 저곳

하나님께서 하시는 일, 그 역사는 놀랍고 위대합니다. 하나님이 도 대체 어떤 분이시길래 이토록 인생을 바꿔놓으시는지, 도대체 어떤 분이시길래 그 사랑 안에 들어가기만 하면 통곡이 변해 소망이 되며, 어둠이 변해 빛이 되는지 모르겠습니다. 이 땅을 살아가면서 체험할 수 있는 극히 적은 분량의 경험을 통해서도 하나님을 이토록 가슴 벅 차게 느낄 수 있건만, 이 생(生)을 마감한 후 하나님을 대면할 때는 얼 마나 가슴이 벅차오를지 상상만 해도 기쁩니다.

저는 그 날을 생각하며 이따금씩 느끼는 외로움이나 아픔을 달래곤 합니다. 예전에는 목사님들에게 '외롭다'는 말씀을 전해들을 때마다 '그게 무슨 뜻일까?' 하고 생각했습니다. 왜 외롭다는 건지 이해하지 못했습니다. 전도자로 살아간다는 것은 그런 외로움이나 아픔이 없는 것이라고 생각했습니다.

그런데 이제 저도 가끔은 그런 생각이 들 때가 있습니다. 누구한테 말 못할 얘기도 있고, 외롭고 힘들고 지칠 때가 있습니다. 한번 자리 를 펴고 누우면 그 자리에서 다시는 못 일어날 것 같을 때, 스스로를 조절하기 힘들 만큼 영육이 고단할 때가 있습니다.

그럴 때 저는 천국에서 만날 주님을 묵상합니다. 그 사실 하나에 모 든 피로가 녹아내립니다. 이런 소망이 없다면 이 땅에서의 낙이 아무 리 크다 한들 무슨 의미가 있겠습니까? 이 땅에서의 아픔이 아무리 커 도 이 사실 하나 때문에 우리가 웃을 수 있는 것이 아닙니까? 도울 길 없고 손을 쓸 수 없는 이웃을 만날 때도 저는 이 사실 때문에 그들을 위로할 수 있습니다. 돈 많고, 명예 높고, 가진 것 다 가졌대도 마음의 공허함을 가누지 못하는 이웃을 만날 때 이 사실을 생각하며 복음을 전할 수 있습니다. 믿음으로만 가는 나라, 그 나라를 담대하게 소개할 수 있습니다.

　요즘 들어 저는 부쩍 '전도자로 살아간다는 게 무엇일까?' 하는 생각을 많이 합니다. 전도자로 사는 것, 그것은 어쩌면 하나님 앞에서 사는 것, 즉 코람데오(Coram Deo)의 인생을 사는 것이라는 생각을 합니다. 전도를 하다보면 그 열매들 때문에 환희에 젖고, 기뻐 어쩔 줄 모를 때가 많습니다. 반면, 울어야 할 일도 너무나 많습니다. 이렇게 어려운 이웃들이 있었다는 것을 깨닫고 하나님 앞에 울고, 전도문이 막힐 때 울고, 각 영혼들의 기도제목을 아뢰며 울고, 힘들어서 하나님 앞에서 웁니다. 그러면 그때마다 하나님께서 그 눈물을 닦아주시고, 마음에 말로 다 표현 못할 위로를 주십니다. 소망을 주십니다. 복음에 대한 소망, 그 소망이 타오를 때마다 전도하지 않으면 못 견디는 마음을 주십니다. 그래서 나갑니다. 복음을 전해야 할 영혼들을 만나러 현장으로 나가는 것입니다.

최후의 순간까지 '전도' 포기할 수 없다

　저는 사역자로서 장례식에 자주 참석하는 편인데, 그때마다 마음 아파하며 돌아올 때가 많습니다. 예수 믿고 평안히 천국에 가시는 분들을 볼 때면 마음에 위로를 받지만 예수 믿지 않고 그냥 돌아가신 분들을 볼 때면 속상하고 안타까운 마음을 가눌 수가 없기 때문입니다.

　그런데 이상한 일이 있습니다. 교회에 잘 다니는 집사님들조차 자신의 부모님이 주님을 영접하지 않고 떠나는 것에 대해 별다른 아픔이나 안타까움을 느끼지 못한다는 것입니다. 천국에 대한 소망이 없다면 지상에서 아무리 신앙생활을 잘한다 한들 참믿음이라고 말할 수 없는데 말입니다.

우리는 복음을 증거해야 합니다. 하나님의 구원의 절대성은 죽음을 앞둔 1분 1초 전, 0.001초 전이라도 흔들릴 수 없습니다. 그때라도 복음을 전해서 주님을 영접하게 하려는 열정을 가져야 합니다. 그런 열정이 있다면 우리는 평생 복음증거자로, 전도자로 살아갈 수 있습니다.

문득, 다 기어들어가는 목소리로 엎드려서 복음을 증거하다가 세상을 떠난 윤영희 집사님 생각이 납니다. 주님을 믿는 우리는 적어도 그렇게 살아가야 하지 않나 하는 생각이 듭니다. 자신의 죽음을 눈앞에 둔 상태에서도 타인의 죽음을 안타까워하며 복음을 전했던 사람, 우리는 모두 그런 사람으로 살다 가야 합니다. 그것이 바로 전도자입니다. 가슴에는 언제나 천국의 소망을 품고 뜨겁게, 그리고 평안하게 사는 사람들이 바로 전도자들입니다.

아줌마 전도왕 ❶

초판1쇄 발행 2001.05.10
25쇄 발행 2008.07.19
재판1쇄 발행 2010.11.10

지은이 　김인아
펴낸이 　방주석
책임편집 　설규식
영업책임 　곽기태
디자인 　전찬우

펴낸곳 　베드로서원
주소 　110-740 서울 종로구 연지동 136-56 기독교연합회관 1309호
전화 　02)333-7316 　　팩스 　02)333-7317
이메일 　peterhouse@paran.com
홈페이지 　www.peterhouse.co.kr

출판등록 　2010년 1월 18일(제59호) / 창립일(1988년 6월 3일)
ISBN 　978-89-7419-285-3 03230
책값 　뒤표지에 있습니다.

베드로서원은 말씀과 성령 안에서 기도로 시작하며
영혼이 풍요로워지는 책을 만드는데 힘쓰고 있으며,
문서 선교 사역의 현장에서 세계화의 비전을 넓혀가겠습니다.

나의 힘이신 여호와여 내가 주를 사랑하나이다(시 18:1)